JOHN UND EFFIE RUSKIN
BRIEFE AUS VENEDIG

KORRESPONDENZEN

Herausgegeben von
Hannelore Schlaffer und Heinz Schlaffer

9

JOHN *und* EFFIE RUSKIN

Briefe aus Venedig

Herausgegeben
von Wolfgang Kemp

Aus dem Englischen von
Catharina Berents

HATJE

INHALT

Erster Aufenthalt:
November 1849–März 1850

JOHN RUSKIN · THE STONES OF VENICE · BAND 1:
DER SCHLUSS · DIE ERSTE ANNÄHERUNG AN VENEDIG[1]

Und nun folge mir, denn ich habe dich schon zu lange von deiner Gondel ferngehalten; folge mir an einem Herbstmorgen durch die dunklen Tore von Padua, und laß uns die weite, nach Osten führende Straße einschlagen.

Sie liegt, eine oder zwei Seemeilen lang, ganz eben zwischen ihren Ulmen und reich beladenen Weingehängen, deren zarte Blätter in hektischem Scharlach leuchten, während ihre Trauben sich zu düsterem Blau verdunkelt haben; dann steigt ein Damm über der Brenta auf und erstreckt sich zwischen dem Fluß und der weiten Ebene, die sich mit endlosen Reihen von Maulbeerbäumen und Mais nach Norden hinzieht. Die Brenta strömt langsam aber kräftig dahin; eine schlammige Masse gelblichgrauen Wassers, die weder eilt noch zögert, sondern schwerfällig zwischen ihren einförmigen Ufern dahingleitet, hier und da einen kurzen, murmelnden Strudel aufwirbelnd, der einen Augenblick die undurchsichtige Oberfläche durchbricht und verschwindet, als ob etwas in seine Tiefe hineingezogen wäre. Staubig und schattenlos zieht sich der Weg an der nördlichen Seite des Deichs entlang; man sieht in weiter Ferne den hohen weißen Turm von Dolo in glühendem Dunst zittern, und er scheint uns nie näher als zu Anfang zu sein. Jetzt kommen wir an einer der vielgerühmten »Villen an der Brenta« vorüber; ein blendendes, gespenstisches Gehäuse von Backstein und Stuck, die Fenster mit gemalten Architraven, wie Bilderrahmen, und davor ein mit Kieselsteinen gepflasterter Hof, alles brennend in fieberhafter Sonnenglut, aber der Prächtigkeit wegen von der Landstraße durch große Pfosten und Ketten abgegrenzt; dann eine andere, von Kew-Gotik[2], mit chinesischen Verzierungen, rot und grün bemalt; eine dritte, die zum großen Teil aus toten Mauern besteht, mit fingierten Fenstern darauf gemalt, jedes mit einer maigrünen Jalousie und einem klassischen

Architrav, in schlechter Perspektive; und eine vierte, mit Stuckfiguren auf ihrer Gartenmauer, ein paar antike, wie an der Ecke von New Road, und ein paar plumpe, groteske Zwerge mit dicken Körpern und großen Stiefeln. Das ist die Baukunst, zu der das Studium der Renaissance im modernen Italien geführt hat.

Die Sonne steigt höher und höher und wärmt zu leuchtendem Weiß die Mauern der kleinen Piazza von Dolo, wo wir die Pferde wechseln. Noch eine öde Fahrt zwischen den jetzt geteilten Armen der Brenta, die unregelmäßige und halb stagnierende Kanäle bilden, mit noch ein oder zwei Villen an ihrer anderen Seite, aber von dem alten Venezianer Typus, den wir schon vorher in Padua gesehen haben, und die, völligem Verfall entgegensinkend, schwarz, geborsten und einsam, dicht am Rande des trüben Wassers stehen, umgeben von ehemaligen kleinen Gärten, aus deren Schlamm zerfressene Überreste von knorrigen Hecken und zerbrochene Zaunpfähle hervorragen; hier und da ein paar Trümmerstücke von Marmorstufen, die einstmals anmutigen Zutritt vom Flußufer aus boten und nun zerbrochen im Schlamm stecken, ganz quer und schief und schlüpfrig von grünen Algen. Endlich dreht sich die Straße scharf nach Norden, und an ihrer rechten Seite liegt eine lichte Stelle, mit Heidekraut bedeckt; aber seht nicht nach dieser Seite hin.

Noch fünf Minuten, und wir befinden uns in dem oberen Zimmer des kleinen Wirtshauses in Mestre, froh, einen Augenblick im Schatten ausruhen zu können. Der Tisch ist (wie ich glaube, immer) mit einem Tischtuch von angeblichem Weiß und immerwährendem Grau bedeckt, mit Tellern und Gläsern in gebührenden Zwischenräumen und kleinen, eigentümlichen, mit Öl bereiteten Weißbrötchen, die mehr wie Mehlknoten als Brot aussehen. Die Aussicht vom Balkon ist nicht erfreulich; eine enge Straße, mit einer einzeln stehenden Backsteinkirche und einem kahlen Campanile an ihrer anderen Seite; ein paar Klostergebäude mit etwas roten Überresten von Freskomalerei an den Fenstern, und zwischen ihnen und der Straße ein Graben mit langsam fließendem Wasser und ein oder zwei kleine Häuser daran, das eine mit einer Rosenlaube vor der Tür, wie in einem englischen Teegarten; die Luft hat indessen nichts von Rosen an sich, sondern es riecht dumpfig nach Knoblauch und Krabben, angewärmt durch den Rauch von verschiedenen Kohlenständern mit heißen Kastanien. Man hört viel Geschrei unter unsern Fenstern, wegen gewisser Karren, deren Führer sich um unser Gepäck streiten; wir besänftigen ihre Rivalität mit größter Geduld und folgen ihnen die enge Straße hinunter.

Nachdem wir kaum zweihundert Yards weit gegangen sind, kommen wir an eine niedrige Werft oder einen Quai am Ende eines Kanals, von dem hohe Stufen an beiden Seiten das Wasser hinunterführen, das uns im ersten Augenblick schwarz und sumpfig erscheint; ein zweiter Blick klärt uns auf – es ist bedeckt von den schwarzen Booten Venedigs. Wir besteigen eines von ihnen, mehr um zu versuchen, ob es wirkliche Boote sind oder nicht, als aus irgendeiner bestimmten Absicht, und gleiten dahin; wobei wir zuerst das Gefühl haben, als ob das Wasser fortwährend unter dem Boote nachgäbe und es in weiche Leere sinken ließe. Es ist klarer als jedes andere Wasser, das wir in letzter Zeit gesehen, und von blaßgrüner Farbe; die Ufer sind nur zwei oder drei Fuß hoch, von Schlamm und üppigem Gras bedeckt, hier und da ein verkrüppelter Baum; alles gleitet an den kleinen Fensterrahmen der Gondel so rasch vorbei, als ob es auf einer gemalten Kulisse vorübergezogen würde.

Schlag für Schlag zählen wir das Eintauchen des Ruders, wobei sich die Seite des Bootes leicht hebt, während sein silberner Schnabel vorwärtsschießt. Wir verlieren die Geduld und entreißen uns den weichen Kissen; die Seeluft weht uns scharf entgegen, als wir uns an das Dach der schwimmenden Zelle lehnen. Vor uns sehen wir nichts als den langen Kanal mit dem flachen Ufer, im Westen wird der Turm von Mestre immer niedriger, und hinter ihm sind purpurne Schatten aufgetaucht, von der Farbe welker Rosenblätter; sie schließen den ganzen Horizont ein und heben sich schwach von dem Nachmittagshimmel ab – die Alpen von Bassano. Aber nur weiter, der endlose Kanal krümmt sich schließlich und windet sich in unregelmäßigen Ecken um ein paar niedrige Bastionen, die jetzt in Trümmer zerfallen, sich in häßlichen Spalten nach dem Wasser zu neigen – die Bastionen des Forts von Malghera. Noch eine Biegung und ein anderer Blick auf den Kanal, aber kein unbegrenzter mehr. Der silberne Schnabel bahnt sich seinen Weg – er erweitert sich; das üppige Gras der Dämme wird immer niedriger und verschwindet zuletzt als bräunlichgelbe Büschel im Unkraut des Ufers. Über diesem hätten wir an der rechten Seite noch vor wenigen Jahren die Lagune am Horizont ausgestreckt erblicken können und den warmen südlichen Himmel, der sich über Malamocco zur See herabneigte. Jetzt sehen wir nichts weiter als eine Art von niedriger und einförmiger Werftmauer, mit flachen Bogen, um die Flut hindurchzulassen; – das ist die Eisenbahnbrücke, die aus allem anderen hervorsticht. Aber am Ende dieser düsteren Bogen erhebt sich aus dem breiten Wasser eine weitläufige Linie von niedrigen und undeutlichen Backsteinbauten, die man, ohne die vielen Türme dazwischen, für die Vorstädte einer englischen Fabrikstadt halten könnte. Vier oder fünf Kuppeln erheben sich blaß und scheinbar in größerer Entfernung über dem Mittelpunkt dieser Linie; aber der Gegenstand, der das Auge zuerst auf sich zieht, ist eine düstere Wolke schwarzen Rauchs, die über ihrer nördlichen Hälfte brütet und aus dem Glockenstuhl einer Kirche herausdringt.

Es ist Venedig.

EFFIE RUSKIN AN PAULINE TREVELYAN

Mailand, 27. Oktober 1849

Die Stadt ist immer noch im Belagerungszustand, und 20.000 Österreicher stehen hier.[3] Wir hoffen, daß wir Radetzky[4] zu Gesicht bekommen, denn er wird täglich aus Wien erwartet. Aufs Ganze gesehen führen sich die Österreicher sehr gut auf und quälen oder ärgern die Leute nicht mehr, als man erwarten kann, aber da man den Mailändern jegliche Waffen abgenommen hat und da sie sich ganz und gar von Carlo Alberto betrogen fühlen, ohne dessen Treulosigkeit die Österreicher Mailand niemals eingenommen hätten, kochen sie vor Ärger, daß sie in einem solchen Zustand der Unterwerfung gehalten werden, und hassen ihre Feinde aus der Tiefe ihres Herzens. Wir hörten von einer englischen Familie hier im Hotel, daß die meisten Kugeln und Granaten, die während der Blockade von Venedig abgeschossen wurden, in den Canal Grande fielen und daß einige Paläste stark zerstört wurden. Der Palazzo Grimani und der Palazzo Mocenigo – dort wohnte Lord Byron, denke ich – haben am stärksten gelitten. Sie erholen sich dort langsam von dem doppelten Unglück von Hungersnot und Cholera, und die einfachen lebensnotwendigen Dinge wie Senf etc. bekommt man nicht, aber sie tun alles, um den Kaiser gnädig zu stimmen, und haben ihn um Pardon ersucht. Können Sie sich Venedig in diesem Zustand vorstellen? John ist über diese Nachricht eigentlich ganz froh, denn er denkt, daß die Herrschaft der Österreicher verhindern wird, daß noch mehr Paläste abgerissen werden. [...] Ich denke, wir werden unseren Aufenthalt in Venedig sehr genießen und, da sie hier alles tun, was sie können, um die Österreicher zu besänftigen, wohl auch ein wenig in Gesellschaft gehen können. Lady Otway, die gerade von dort kommt, erzählt mir, daß französische Refugiés, Adlige, Spanier, der Duc de Bordeaux, der Conde Montemolin und andere sich dort einzustellen beginnen, um sich zu vergnügen, so daß wir einige merkwürdige Charaktere treffen dürften.[5] […]

EFFIE RUSKIN AN IHREN VATER

Mailand, 28. Oktober 1849

John hat gesehen, wie sie den alten Palazzo Visconti abgerissen haben – der einzige Grund, den sie dafür angaben, war der, daß ein moderner italienischer Palazzo so viel bequemer zum Darinwohnen sei und daß sie nun einen neuen nach ihren eigenen Vorstellungen bauen würden. Wir hoffen sehr, daß wir Radetzky sehen, der hier jeden Tag aus Wien kommend erwartet wird, ja wir sind entschlossen, ihn zu sehen, selbst wenn wir warten müssen, denn er ist ein ganz entschiedener Löwe jeder Gesellschaft. Charlotte[6] und ich verfügen über eine hübsche offene Kutsche, und mit unserem Valet-de-Place[7] auf dem Kutschbock fahren wir jeden Vormittag aus. Ich versichere Dir, daß wir den Herzen der österreichischen Offiziere und Soldaten einen tieferen Schrecken einjagen, als ihr Vorgesetzter Marschall Radetzky es könnte, denn so etwas wie zwei Ladies ist hier seit Monaten nicht mehr gesichtet worden, und mit Ausnahme der jungen Lady Otway, die hier im Hause lebt, sind Charlotte und ich die absoluten Königinnen. Von großer Zahl sind die Zigarren, die aus dem Mund genommen werden, wenn wir vorüberfahren, und ungezählt die Schritte der Pferde, welche auf dem Corso hin- und hertraben und galoppieren. Es sind dies aber alles Österreicher oder Kroaten, und ich bin hier ganz und gar auf der Seite Italiens und hasse die Unterdrückung, deswegen wünsche ich sie mir weit weg.

Le Torri, Verona, 8. November 1849

Unser Bekannter von neulich abend erweist sich als sehr hilfreich. Wir erfuhren am nächsten Tag, daß sein Vater, für den das Orchester gespielt hatte, Feldmarschall Wimpffen war, ein sehr distinguierter Offizier. Er und der andere junge Sohn gingen nach Triest in der Nähe von Venedig, und unser Freund ist der Graf Albert[8] oder so ähnlich, der bei Radetzky lebt, ich nehme an, einer von seinen Stabsoffizieren. Er kam am nächsten Tag zu uns, um sich zu melden und anzufragen, was wir gerne sehen würden, ich sagte, daß ich gerne das Innere der bombensicheren Befestigungstürme außerhalb der Stadt sehen würde, die den Ort auf einer Bergkette weit überragen und die Veroneser so sehr eingeschüchtert haben, daß sie nie revoltiert haben. Er sagte, daß es ihm ein großes Vergnügen wäre, und er wolle Radetzky fragen, ob er ihm drei Stunden am Nachmittag freigebe, da sie nie Freizeit hätten und jeden Tag bis zur Teezeit sehr hart rangenommen würden, zumindest diejenigen im Stab.

Wer nicht erschien, war John, als am nächsten Tag die Zeit gekommen war, doch stand eine sehr schöne Kutsche mit einem Paar Pferde für uns bereit. Er kam in mein Zimmer, während ich mich ankleidete, und ich sagte: »Bist du noch nicht fertig, mit uns zu kommen, John?« »Oh, nein«, sagte er, »was könnte ich für ein Interesse an Befestigungsanlagen haben? Ich hatte nie die Absicht, dorthin zu gehen, und wenn ich jetzt nicht mit dir ausgehen muß, dann habe ich einen wunderbaren Tag zum Zeichnen. Graf Wimpffen ist außerordentlich intelligent und umgänglich, eine sehr angenehme Begleitung für dich und Charlotte, genau die richtige Person für euch, und ich glaube, auch er wird darüber glücklich sein. George möge dich begleiten, wenn du es für schicklich hältst.« Ich sagte: »Nun, John, ich glaube nicht, daß dich die Welt jemals verstehen wird.« »Oh, nein«, sagte er. »Niemals. Ich denke nur, daß es absurd wäre, wenn du und Charlotte, nur weil ich mich selbst vergnüge, trübsinnig zu Hause herumsitzen solltet.« Damit begleitete er uns die Treppe hinunter und sagte unserem Begleiter, daß er uns in seine Obhut geben würde, und der junge Mann legte seine Hand auf sein Herz und machte eine tiefe Verbeugung. So gingen wir auf unsere Fahrt, sahen die Befestigungen, bekamen sie erklärt und verstanden, daß die Veroneser, wenn sie jemals einen Aufstand wagen sollten, allesamt in die Luft fliegen würden, ehe sie wüßten, wie ihnen geschieht. Die Sicht war exzellent, und der Graf zeigte uns die verschiedenen Schlachtfelder, wo sie gegen Carlo Alberto gekämpft haben.[9]

EFFIE RUSKIN AN IHRE MUTTER

Venedig, 13. November 1849

Ich habe so viel zu erzählen und zu beantworten, daß ich nicht weiß, wo ich anfangen soll [...] Ich denke, Du wirst meinen Briefen aus Verona entnommen haben, daß ich viel mehr Übungen mache, und ich könnte noch mehr machen. John ist sehr erfreut über meine zunehmende Stärke, und wenn sich nur mein Hals etwas bessern würde, könnte ich mich bestimmt bald erholen. Auch mit dem Essen bin ich sehr vorsichtig. Obwohl das Obst hier so verlockend ist, rühre ich es nicht an, ebensowenig Gemüse und Eier. Meine Speisekarte setzt sich aus einem kleinen Fisch und für gewöhnlich aus gebratenem Geflügel und manchmal einem bißchen Pudding und gekochtem Reis zusammen, und zum Frühstück gibt es Kaffee mit Brot und Butter. Eines Abends, als ich Tee getrunken hatte, war ich anschließend sehr krank, aber das war in der Schweiz. Ich mache jeden Abend für Charlotte und John den Tee, aber ich selbst nehme nach dem Abendessen nichts mehr zu mir, und ich habe festgestellt, darin stimme ich mit Dir überein, je weniger ich esse, desto besser fühle ich mich. Wir kaufen jetzt ein Federballspiel, um am Vormittag spielen zu können: wenn wir Fangen spielen, sind wir binnen Minuten außer Atem. Du wirst mir meine Veränderung kaum glauben, aber das zeigt, wie gut Simpson meinen Zustand beurteilt hat. So merke ich zum Beispiel, daß ich mich immer besser fühle, je wärmer es ist und je heißer die Sonne brennt und je mehr ich mich selbst erhitze. Die kalte, frische Luft in Chamouni war zu stark, und es schien, als hätte sie meine Haut geschlossen, was mich ziemlich krank machte; aber hier ist das Wetter fast immer wunderbar, es ist warm, nie dunstig, der Himmel und die Sonnenuntergänge zeigen himmlische Farben, und das Meer und die Kanäle sind so frisch und ruhig und grün mit ihren Fluchten von Palästen, die durch nichts die eineinhalbjährige Blockade verraten, die sie gerade überstanden haben. Es ist der wundervollste Ort, an dem ich je gewesen bin, und wenn es nach mir geht, werden wir ihn so schnell nicht wieder verlassen – auf jeden Fall werden wir noch einen Monat bleiben.

Deine Briefe haben exakt acht Tage gebraucht, so daß Du Dir immer ausrechnen kannst, wann sie ankommen. Wir wohnen im Hotel Danieli, ehemals ein prächtiger Palast, mit Treppen und Türen aus Marmor und Balkonen mit Blick auf das Meer, die Schiffe, die Kirchen, und der Dogenpalast, das schönste Gebäude auf der Welt, und San Marco sind keine 100 Yard entfernt. Dort spielt jeden Abend eine österreichische Kapelle, 60 Mann stark, die beste, die ich je gehört habe. Ganz Venedig scheint sich deswegen einzufinden. Der Platz ist dann wie ein großes Wohnzimmer, von den Gaslaternen der ringsumlaufenden Arkaden ausreichend beleuchtet – dort sitzen die Damen und Herren bei Kaffee, Eiswasser und Zigarren, während eine dichte Menge von Männern, Frauen, Kindern, Soldaten, Türken und phantastischen Gestalten in griechischer Tracht in der Mitte auf- und abgeht, das Ganze unter einem Nachthimmel voller unzähliger funkelnder Sterne. Ich bin dort gestern abend zusammen mit John bis nach acht Uhr ohne Haube, aber mit aufgesteckten Haaren umhergewandelt – und wir haben uns enorm amüsiert, wie wir uns wie die anderen unter die Menge gemischt und unseren Kaffee unter den Arkaden genommen haben. Die Frauen hier haben die schönsten schwarzen Haare, die ich je gesehen habe, so wunderschön geflochten und in ganzen Kränzen von einer Breite zwischen drei und vier Inches um den Kopf gelegt; ich kann es Dir nicht aufzeichnen, um Dir davon auch nur den geringsten Eindruck zu verschaffen, aber immer wenn sie eine Haube über diese Masse von Haaren ziehen, sehen sie so außerordentlich grotesk aus, und jede Dame, die eine Haube von der Art trägt, wie man sie vor sechs Jahren trug, sieht aus, als käme sie direkt aus der Arche. Charlotte und ich wollen uns die schwarzen Schleier beschaffen, die man hier auf dem Lande trägt, und wir werden statt dessen unsere Hauben bis zum Winter beiseite legen, solange es noch zu warm für Samt und Seide ist.

Ich kann nicht verstehen, daß Dr. Macfarlane sich hier nicht körperlich ertüchtigen konnte. Das muß ganz und gar sein eigener Fehler gewesen sein, denn es gibt keine bessere und angenehmere Übung für alle Muskeln als das Stehen auf einer Gondel und das Rudern, was beides nicht einfach ist, und wenn ihm das nicht zusagte, dann gibt es diese äußerst reizvollen kleinen Straßen, die ganz Venedig wie ein Puzzle durchschneiden, keine breiter als zehn Fuß, auf denen man sich ergehen und einen ganzen Tag verlieren kann, so wie wir das gestern für einige Stunden taten, und der Gedanke ist so köstlich, daß man niemals überfahren werden kann, denn es gibt keine Kutschen, keine Karren, keine Pferde, keine Schubkarren, nur Menschen und Gondeln, letztere sind das luxuriöseste Beförderungsmittel in der Welt. Stell Dir vor, Du wirst durch Kanäle voller Öl fortbewegt, denn mehr Bewegung gibt es auf den grünen Kanälen nicht, Du liegst in voller Länge auf weichen Kissen und gleitest an anderen vorbei, die es sich ebenso bequem gemacht haben wie Du. Ich wünsche mir oft, Ihr alle wäret hier, denn nichts könnte vergnüglicher sein.

Wir hatten am Samstag eine erfreuliche Fahrt mit dem Segelboot über die Lagune von Mestre aus, nachdem wir an Vicenza und Padua mit der Eisenbahn vorbeigefahren waren. Früher brachte einen diese Strecke über die Lagune direkt nach Venedig, aber Teile der Brücke gingen im Bombardement unter, und nun sind sie dabei, sie zu reparieren. Wenn ich Radetzky wäre, würde ich davon keinen Stein auf dem anderen lassen. Sie zerstört völlig den ersten Eindruck von Venedig, und sie kostet die Italiener 150.000 Pfund. Nichts Gutes ist bisher daraus entstanden; sie geben dieses ganze Geld für eine Eisenbahnbrücke aus und müssen die Hälfte ihrer Kirchen in Fabriken umwandeln, weil sie ihre Gotteshäuser, die mit unbezahlbaren Fresken von Tizian, Giorgione, den Bellinis und anderen bedeckt sind, nicht instand halten können. Aber sie sind schon furchtbar bestraft worden [...].[10]

EFFIE RUSKIN AN IHRE MUTTER

Venedig, 24. November 1849

Heute, nachdem wir der großartigen Seelenmesse in San Martino beigewohnt haben, wurden Charlotte und ich von unserem Valet-de-Place und unserem Gondoliere erwartet, der ein sehr gutaussehender Bursche mit diesem feinen rotbraunen Teint wie bei Giorgione ist und uns schnell nach Hause ruderte. Auf der Brücke über dem Kanal, der zum Danieli führt, standen zwei italienische Herren, die in St. Martin neben uns saßen und unsere Gondel kannten und beobachteten, wie wir ankamen – sie waren schnell durch Nebenstraßen gegangen und mit uns am Hotel angekommen. Nachdem sie uns ins Haus gefolgt waren und wußten, wo unsere Zimmer waren, und vermutlich gefragt hatten, wer wir seien, warteten sie längere Zeit vor dem Hotel, wohl annehmend, daß wir entweder herunterkämen oder jemanden schicken würden, um sie hereinzubitten. Ich erzähle Dir das, da es ein Beispiel für das gute Benehmen hier im Ausland ist, das bei uns im Norden auf Verwunderung stoßen würde, aber hier kein bißchen, hier ist das üblich, wie wir erfahren haben. Es ist eher so, daß sie unser Benehmen als mangelhaft und wir ihres für übertrieben empfinden. Charlotte und ich sind nun schon daran gewöhnt, aber am ersten Abend, als uns einige österreichische Soldaten ins Hotel folgten, fanden wir es doch, obwohl George bei uns war, sehr befremdlich, aber jetzt sind wir damit vertraut. Ich hatte halbwegs erwartet, daß wir als nächstes Briefe von einigen bekommen würden, aber das ist nur Spaß, John amüsiert sich sehr darüber, und wenn er uns in die Oper begleitet, ist er so lange munter, wie die Lorgnetten sich zu unserer Loge hin wenden, aber während des Balletts, das hier wesentlich stärker gefördert wird und im Vergleich zu unserem Ballett eine vorzügliche Sache ist, sagt er: »Wie langweilig«, und zieht sich zu Charlottes und meinem größten Vergnügen in das Hintere der Loge auf ein Schläfchen zurück. Nie haben wir jemanden so ohne jegliche Eifersucht gesehen, und ich bin sicher, Papa würde sich wundern, weil er vorher von ihm ganz anders dachte. [...]

John arbeitet sehr intensiv, und ich glaube, die *Stones of Venice* werden einigen Wert haben, wenn es denn dieses Werk ist, das er vorbereitet, aber das ist nicht ganz leicht auszumachen, denn er findet, daß er über so viele Dinge schreiben müßte, über die noch nie jemand zuvor geschrieben hat, und daß er eine Sache nur dann herausbringen kann, wenn die andere zuvor verstanden worden ist.

Du wirst in Deinem freundlichen Mitgefühl sicher sehr froh sein zu hören, daß wir so glücklich sind und ich so frohen Mutes bin. Meine gutaussehende Bekanntschaft von neulich, Dr. Purvis, sagte zu mir, daß er noch nie eine so rundum glücklich wirkende Person wie mich getroffen habe und daß er vermute, Kummer und Sorgen seien immer von mir fern geblieben. [...]

Charlotte spielt mit dem Gedanken, ein Pamphlet über den guten Ehemann zu schreiben und John dafür als Modell zu nehmen, was er tatsächlich ist. Ich habe niemals einen Menschen getroffen, der so frei ist von kleinen Fehlern und Engstirnigkeit, obwohl er in vieler Hinsicht seine Eigenheiten hat. Sein ritterliches Betragen uns gegenüber ist so entzückend, und er ist so besorgt um mich, daß Papa von seinem gütigen Wesen sicher äußerst angetan wäre. Und nun lebt wohl.

Venedig, 27. November 1849

John hat gestern das erste Mal in meinen Hals geschaut, seit wir in Venedig sind, und er sagte, daß er sich entschieden gebessert hat. In der Tat scheint Venedig mir erstaunlich gutzutun, und John ist intensiv damit beschäftigt, sich all die Häuser anzuschauen, die zu vermieten sind, für den Fall, daß wir nächstes Jahr wiederkommen. Ich habe jetzt sowohl Bälle als auch Federballschläger zum Spielen und finde, daß ich mit den Erstgenannten die besseren Übungen machen kann. [...]

Im Moment sehe ich gut aus, möchte aber keine Verehrer, und da mein Umgang von niederem Range ist, hält er sich nicht zurück und sagt John und mir ins Gesicht, was er fühlt und denkt. Als ich neulich auf dem Canal Grande die Gondel ruderte, sagte der Valet-de-Place, aus seiner Träumerei aufwachend, auf Französisch zu John: »Ah! Monsieur, comme votre femme est belle«, und weiter, daß er schon viele Engländerinnen gesehen habe, aber noch nie so eine wie mich, und er vermute, daß es keine zehn schöneren Frauen in England gäbe. John sagte, das gehe schon in Ordnung, solange ich so gut wie schön sei. Der Valet sagte: »Ah! Monsieur, Madame est aussi bonne comme une ange et elle a toutes les vertues.« Ich platzte vor Lachen und Charlotte mit mir, und ich antwortete, daß der Grund für seine Bewunderung darin zu sehen sei, daß im Moment keine anderen Damen zum Vergleich da wären, aber er fuhr fort, John zu versichern, Madame sei »jolie comme une ange«. Der Gondoliere macht mir auch ein nettes »piccolo complimento« auf Italienisch, was Charlotte sehr ungehörig findet, da sie ihn nicht versteht [...]

Nachdem wir heute das Haus verlassen hatten, gingen wir zu San Marco, wo wir John in der Nähe des Hochaltares ausgestreckt auf dem Boden fanden, um eine der wunderschönen Alabastersäulen zu zeichnen, umgeben von einer Schar von bewundernden Müßiggängern [...] Da John noch nicht ganz fertig war, gingen Charlotte und ich in ein Antiquitätengeschäft und kauften etwas Spitze, die Charlotte für einen Kragen und für Manschetten brauchte, und für mich eine schmale Kragenborte, etwa einen Finger breit, für mein Samtkleid, die ich eigentlich gar nicht kaufen wollte, aber John war so beeindruckt von der Qualität des Musters, und sie war so günstig, daß ich keinen Moment zögerte. Sie kostete nur 18 Schilling […]. Wir gingen dannach zu John zurück, der dann mit uns bis zum Abendessen durch unzählige schmale Straßen wanderte, an zahlreichen Palästen mit ihren geschweiften, spitzbogigen Fenstern vorbei, der venezianische Stil ist immer derselbe, doch wenn du in die *Seven Lamps* schaust, wirst du einige Beispiele sehen, in jedem Fall wirst du einen dieser wunderschönen Balkone der hiesigen Paläste und eines der mit Vögeln verzierten Kapitele vom Palazzo Ducale finden […].

Ich habe bereits erwähnt, daß John eifrig auf der Suche nach einem zu mietenden Haus ist. Herr Danieli ist sehr bedacht darauf, daß wir die Hälfte dieses Palastes mieten, welcher einer der schönsten in Venedig ist, und er sagt, daß es keine Umstände machen würde, es mit einem weiteren Eingang in ein Privathaus zu verwandeln, doch ich weiß nicht, ob John und er sich darüber einig werden, aber die Lage könnte nicht günstiger sein, und mir würde es besser gefallen als alles andere, was ich bisher gesehen habe. Gestern kam ich auf dem Canal Grande an einem gutgepflegten Palast vorbei, wo ich am Eingang einen Mann in herausgeputzter Livree herumlungern sah, und fand heraus, daß das Haus von einem jungen Mann, einem spanischen Infanten, bewohnt wird. Ich hoffe, daß im nächsten Monat einige der venezianischen Familien zu Weihnachten zurückkommen, so daß wir endlich mal jemanden aus der feinen Gesellschaft treffen, denn im Moment ist niemand von ihnen hier, was auch die Händler traurig feststellen […].

EFFIE RUSKIN AN IHRE MUTTER

Venedig, 3. Dezember 1849

Obwohl hier im Haus mehr als 50 Personen leben, sind fast alle Österreicher, Offiziere, die nicht für ihre Zimmer bezahlen und immer im Restaurant speisen. Sie kommen mit Anordnungen ihres Generals und verlangen dieses oder jenes Zimmer, und wer immer gerade darin wohnt, muß es räumen, um es ihnen recht zu machen. In Verona wären wir beinahe einmal von einem General vertrieben worden, aber er nahm dann *freundlicherweise* andere Zimmer. Die armen Gastwirte hatten sie auf diese Weise während der letzten 20 Monate beherbergt und haben nicht einen Heller dafür erhalten. Die Österreicher sagen, solange sich ein Land in einem Belagerungszustand befindet, dürften sie das tun, und Italien bleibt in diesem Zustand.

In den letzten Tagen waren der Prinz und die Prinzessin von Mecklenburg-Schwerin hier, die vor vier Wochen geheiratet haben, aber sie sind gestern nach Mailand abgereist. Sie brachten ihre Kutschen über die Lagune, wobei eine sehr stattliche in die See stürzte und fünf Stunden unter Wasser blieb, und wie Du Dir vorstellen kannst, war alles naß. Sie sah sehr traurig aus, als sie in der Sonne trocknete. Der Prinz, den wir häufig beim Spazierengehen trafen, sah genauso aus wie Hunderte anderer junger Männer, sehr attraktiv und manierlich, ungefähr einundzwanzig Jahre alt. Sie war viel größer und ihr Gang sehr häßlich, sie machte viel zu große Schritte, sie ist schätzungsweise 27 und sieht gut aus, doch ihre ungewöhnliche Haube, die mit blauem Samt gefüttert war, sah wirklich gräßlich aus und verunstaltete völlig ihr Gesicht. Es war genauso, als würdest Du Deine Haube bis in die Stirn ziehen – auf diese Weise [eine Zeichnung] –, so daß das Gesicht in der Tiefe verschwindet und man es nur noch schwer erkennen kann. Dann ein enger, kastanienbrauner Polkamantel aus Samt, kastanienbrauner und schwarzer Glacé-Seide, mit tiefem Saum und einem weißen Pelzkragen, aber sehr ungeschickt gemacht. Neulich trug sie einen prächtigen schwarzen Samtmantel, der mit feinem weißen Zobel vom Hals bis zu den Knöcheln besetzt war; sie sah darin sehr viel besser aus, aber dieselbe furchtbare Haube.

Mr. Ruskin sagt in seinem gestrigen Brief, daß es für uns in diesem Winter möglicherweise schwierig sein werde, in die große Gesellschaft zu kommen, da wir noch nicht bei Hofe vorgestellt worden seien. Doch wenn John die Pein ertragen könnte, sechs Stunden wie ein Lakai gekleidet zu sein, und ich in einem hübschen Kleid aufträte, könnte das unsere Schwierigkeiten etwas mildern, aber ich nehme an, daß wir im nächsten Frühling eingeführt werden, doch was mich betrifft, ist mir das gar nicht recht, trotz der oben genannten Gründe, die es beinahe notwendig machen, aber jeder sagt, daß es unglaublich langweilig sei, und ich glaube nicht, daß ich auch nur die geringste Berechtigung habe, dahin zu gehen. Aber ich denke, Papa würde es gerne sehen, wenn ich ginge, wenn ich mich recht erinnere, und Mr. Ruskin wohl auch, denn er sagte zu mir, er würde mir, wenn ich ginge, das schönste Kleid schenken, bevor ich gesagt hatte, daß ich lieber nicht ginge.

Heute machten wir einen Spaziergang und schauten uns verschiedene wunderschöne Paläste an, aber trotz dieser schönen venezianischen Gotik-Fassaden kann ich mir nicht vorstellen, wie die Italiener leben, denn innen fehlt es, obwohl es sehr gepflegt ist, überall an Komfort, und die Menschen, die darin wohnen, scheinen niemals etwas zu tun, und es gibt selbst bei diesem kalten Wetter keine wärmenden Kamine. Jedes Familienmitglied trägt einen irdenen Korb oder Topf mit heißer Holzkohle auf dem Arm mit sich herum, die erstaunlich lange heiß bleibt. Charlotte und ich machten davon eines Tages auch Gebrauch, aber ich kann mir nicht vorstellen, daß es gesund ist, da wir beide Kopfschmerzen bekamen. Die Leute hier scheinen in großen finanziellen Schwierigkeiten zu sein und ihre Häuser so schnell wie möglich verkaufen zu wollen. Wir könnten ein günstiges bekommen, man bezahlt in Italien ohnehin immer erheblich weniger, als gefordert wird, aber da ist diese enorme Steuer der österreichischen Regierung, und sie wissen nicht, ob der Krieg nun zu Ende ist oder nicht, aber sie hoffen es. Eine weitere Ausgabe wäre, wenn wir das Haus in einen bewohnbaren Zustand bringen müßten, da wir nicht so leben können, wie sie es tun. Die Mosaikfußböden sind, obwohl sehr glatt und glänzend, außerordentlich kalt, alle ihre Vorkehrungen scheinen auf warmes Klima und nicht auf Kälte eingerichtet zu sein.

JOHN RUSKIN AN W. L. BROWN[11]

Venedig, 11. Dezember 1849

Es kam so, daß ich Ihren Brief in den Bergen, genauer in Vevey erhielt und erst einmal beiseite legte. Nach Hause zurückgekehrt, fand ich meine Frau in sehr viel besserer Verfassung vor und sehr begierig nach einer Ortsveränderung. Sie bat mich, sie nach Venedig zu bringen, und da ich einige Informationen für meine Skizze der venezianischen Kunst benötigte, die Sie vielleicht bei Smith und Elder[12] angezeigt gesehen haben, war ich sehr froh über diesen Vorschlag. Nun, da ich wieder in Italien bin und den Winter vor mir habe, habe ich mich auf eine sehr viel detailliertere Erforschung der italienischen Gotik eingelassen, als ich beabsichtigt hatte. Und da dieser Gegenstand so kompliziert ist, habe ich alles andere vergessen oder beiseite gelegt. Ich habe seit meiner Abreise aus London keine einzige Zeile an meine Freunde gesandt, mit Ausnahme zweier *notwendiger* Briefe, und meine Frau ist seit vier Wochen in Venedig, ohne daß sie mit mir zusammen mehr besichtigt hat, als der Führer für einen halben Tag vorschlägt. Dennoch würde ich das Buch, das Sie mir freundlicherweise genannt haben, gerne in die Hand bekommen. *Dieses* Thema büßt niemals an Interesse ein, und seine Lektüre würde mich von der Monotonie befreien, die einen notwendig befällt, wenn man Schnitte anfertigt und Maße nimmt. […]

Es gibt hier natürlich noch sehr viel mehr Gegenstände von aktuellem Interesse und darunter zu viele, die einem Sorge bereiten. Aber im Moment bin ich fast ganz versteinert und habe Herz und Augen nur für Dinge aus Stein. Ich könnte ohnehin wenig ausrichten, wäre es anders. Die Italiener büßen im Moment für die Sünden der vergangenen Generationen und für ihre eigenen Torheiten, und diese Sünden können nicht ungeschehen gemacht, noch die Torheiten abgestellt werden: Ich fürchte, den Becher ihrer Bestrafung haben sie noch nicht zur Hälfte geleert. Die Regierung herrscht so weise und milde, wie eine katholische Regierung über ein Volk mit fremder Sprache nur herrschen kann; das Militär, von dem die halbe Stadt voll ist, verhält sich einzigartig besonnen und ruhig und stellt die besten Kunden, die die Venezianer im Moment haben können, wobei die Hauptartikel geröstete Kastanien und gekochter Cox Orange sind. Das Elend haben sie sich selbst und hat ihre Kirche ihnen eingebrockt, aber mitleiderregend ist es doch. Die Hungersnot hatte ihre Spuren in allen Gesichtern hinterlassen, als wir hier ankamen, und Hoffnungslosigkeit ist nach wie vor darin zu lesen. Die meisten haben Freunde oder Verwandte im Krieg verloren, und alle haben die Hälfte ihres Einkommens eingebüßt, und ihre einzige Abhilfe besteht darin, daß sie das verbleibende Geld in Votivkerzen und Musik investieren. Ein so bigottes Volk habe ich noch nie gesehen, fromm in der Kirche und unfromm draußen. Über all das läßt sich aber mit Ihnen besser mündlich und zu Hause sprechen, wo wir uns hoffentlich im nächsten Frühjahr sehen.

EFFIE RUSKIN AN IHREN VATER

Venedig, 10. Dezember 1849

Samstag vormittag – es war der Feiertag der Madonna – sind Charlotte und ich nach San Marco gegangen, wo wir einer sehr schön zelebrierten Messe beiwohnten. […] Bei solchen Gelegenheiten kommen Charlotte und ich viel besser ohne John aus, denn ich habe etwas von Deinem Talent geerbt, meinen eigenen Weg zu finden, und die Leute sind sehr höflich, auch kann ich mich jetzt verständigen. Charlotte folgt mir auf dem Fuße, wir bekommen stets sehr gute Plätze, und ich habe das Gefühl, daß mir hier keiner etwas tut. John dagegen findet die Leute so unappetitlich, daß er es nicht ertragen kann, mit ihnen in Berührung zu kommen oder unter ihnen zu sein, wofür ich ihn nur herzlich auslachen kann, denn ich wurde während der ganzen Zeit, die ich in Italien verbracht habe, weder von einem Floh gebissen, noch habe ich einen gesehen, und in der Schweiz war ich schon halb aufgefressen. Auch habe ich immer meinen Muff dabei, und da wir die ganze Zeit stehen müssen, stelle ich mich auf ihn und fühle mich sehr wohl. Am Samstag also hatten wir einen exzellenten Platz und sahen etwas sehr Schönes. Über uns waren zwei prächtige Orgeln, die von Chorsängern und Instrumenten begleitet wurden und einander antworteten und die Messe mit nur wenigen Unterbrechungen laufend begleiteten. Vor uns saß der Erzbischof auf seinem Thron, umgeben von seinen Bischöfen und einer Schar von Unterpriestern und Assistenten; alle Silberkandelaber brannten, der Altar und der Thron waren ein einziges Feuer von Silber und Gold, dessen Glanz noch durch das erhabene Gebäude mit seinen goldenen Mosaiken, durch die goldenen Meßgeräte und die Mitren des Erzbischofs gesteigert wurde, die auf Ständern ausgestellt waren. Während der Messe wechselte er sie und setzte immer wieder eine andere Mitra auf; wenn sie aber alle auf ihren Ständern standen, erinnerte mich das Ganze doch an die Auslage von Miß Watsons Hutgeschäft.

Während es gerade regnet, macht John einen Besuch bei Mr. Blumenthal, der am Samstag seine Karte abgegeben hatte, als wir ausgegangen waren. Ich hoffe, wir lernen dadurch ein paar Leute kennen. John könnte und wollte sehr viel mehr Bekanntschaften haben, wenn er nur Zeit hätte. Er verwendet aber jede Minute darauf, die Materialien für die *Stones of Venice* zusammenzutragen, und hat auch schon unseren Abstecher nach Florenz gestrichen. Nichts stört ihn im Moment so sehr wie Leute, die kommen und gehen, und ich kann ihn kaum zwingen, es sei denn, der Wunsch kommt von ihm selbst, denn das Buch ist schon angezeigt, und seine Fertigstellung müßte bis nächstes Jahr unterbrochen werden, wenn er jetzt nicht seine Aufzeichnungen abschließen kann. Und da seine Art von Arbeit sehr gesund ist und ich ihn niemals so wohlauf gesehen habe, bin ich auch sehr dafür, daß er fertig wird. Er läßt uns überall hingehen und unternehmen, was wir wollen, und begleitet uns in die Oper, wann immer wir es wünschen.

24. 12. Dies ist der schönste Tag für Heiligabend. In der Gegend um den Rialto gibt es Geflügel in Massen, in das man Hahnenfedern gesteckt hat, wenn es zum Verkauf angeboten wird, es gibt alle Sorten von Gemüse und viele Dinge, die ich Dir nicht beschreiben kann. Nur nebenbei: Letzte Nacht war jemand da und hat unsere Gondel gestohlen. Der arme Carlo hat sie überall gesucht, aber sie war nicht zu finden. Die Leute stehlen hier manchmal Gondeln, um damit zu schmuggeln, und bringen sie dann, wenn sie bekommen haben, was sie wollten, in der nächsten Nacht zurück und tauen sie genauso wieder an, wie sie sie weggenommen haben. [...]

Ich habe noch gar nicht erzählt, daß Mr. Brown[13] mir verordnet hat, mich morgens und abends mit Handschuhen aus Haar abzurubbeln, das regt hoffentlich meinen Kreislauf an. Sie haben bis jetzt noch keine Wirkung gezeitigt, er hat mir geraten, die Handschuhe mit ein wenig kampferisiertem Weinbrand zu tränken, ich nehme an, das macht sie wärmer. In diesen letzten zwei Tagen haben wir wirklich nichts anderes getan, als herumzulaufen und uns die Kirchen und Weihnachtsbräuche von Venedig anzuschauen. Gestern war Heiligabend, und da die Katholiken den ganzen Tag bis zum Abend, wenn es eine Fischmahlzeit gibt – ein Fest, das sie mit Freunden feiern –, kein Fleisch essen, war das Abschlachten von Aalen den ganzen Tag über wirklich grausam. Unter unserem Fenster befand sich ein wahrer Pfuhl von Blut, sie töten sie auf so brutale Weise. Sie reißen ihnen Kopf und Schwanz ab und schlitzen sie dann vollständig auf, und wenn sie ausgeblutet sind, werden sie gewogen und nach Gewicht verkauft, und da sie erst im Moment des Verkaufs geschlachtet werden, muß jeder Kunde diese Prozedur mitansehen. Ich schätze, die Länge all der Aale, die man gestern getötet hat, würde um die Welt reichen.

Mr. Brown kam um sechs Uhr zu uns und begleitete uns in sechs oder sieben Kirchen. [...] Wir kamen sehr müde nach Hause. Der Frost war bitterkalt, aber durch den Mond war es fast genauso hell wie am Tage. Am Morgen des Weihnachtstages grüßte uns jeder mit: »Buona Festa, Signora«, worauf wir auf dieselbe Weise antworteten, und gegen zehn begaben wir uns nach San Marco, um dort der Messe beizuwohnen, die zwei Stunden dauerte. Die beiden Orgeln und das Orchester waren wundervoll, und sie spielten die ganze Zeit. Das Kirchenschiff war sehr voll. Ich war erbaut davon, was für gute Katholiken die österreichischen Soldaten sind, wie sie auf den Knien mit ihren Bajonetten im Arm Gott dankten und ihre Gebete sprachen, und alle hatten Stechpalmen an ihren Kappen. Die Geschäfte waren geschlossen; alle Welt wandelte umher; entlang der Fassade des Dogenpalastes über den Teil des Platzes, der zum Meer zeigt, und über die Brücken zog sich eine ununterbrochene Linie von Spaziergängern.

Venedig eignet sich vorzüglich zum Versteckspielen. Man kann sehr weit sehen, aber wenn man demjenigen, der nach einem sucht, nicht über den Weg laufen will, braucht man nur zweimal in die Nebenstraßen abzubiegen, die an jeder Ecke abzweigen, und schon ist man außer Sicht. Charlotte und ich hatten heute großen Spaß daran, Paulitzska[14] zu beobachten. Ich weiß nicht genau, ob er Hauptmann oder General ist, aber er hat die wichtige Festung von Malghera während der Blockade mit seiner Artilleriestellung eingenommen. Dieser Offizier ist ein sehr schöner Mann. Du denkst bestimmt, daß wir mit unseren militärischen Bekannten Glück haben, und das ist auch so, denn er und der Graf sind von allen Männern, die wir getroffen haben, die distinguiertesten, aber er sieht am besten aus, und er ist etwa dreißig. Heute wußte er, daß wir das Danieli verlassen hatten, wir sahen ihn aus einiger Entfernung wie einen Verrückten über die Brücken rennen, rein und raus aus Sackgassen, dann um den Platz herum, und in guter deutscher Manier niemals zurück-, immer geradeausblickend, gelangte er im Verlauf einer Stunde zufällig zu der Stelle, wo wir die ganze Zeit über geblieben waren und uns köstlich amüsierten und dachten, was für eine wunderbare Übung wir ihm da abverlangt hatten. Wir haben nicht zu erkennen gegeben, daß wir ihn gesehen hatten, und setzten unseren Spaziergang fort, der Dir bestimmt auch viel Spaß gemacht hätte. Er spricht sehr wienerisches Deutsch und kein Wort Englisch, aber Italienisch, Dänisch und Spanisch perfekt, doch ich finde sein Deutsch am besten, und wenn er redet, verstehe ich genauso viel davon wie er, wenn ich rede, und das bißchen, das ich verstehe, übersetze ich Charlotte, so ist es sehr stupide; da er gar kein Wort Englisch spricht, beginnt er seine Gespräche mit mir immer mit »Gnädige Frau« und unterstützt unsere Konversation dann mit Italienisch, aber manchmal kommen wir an einen toten Punkt. John und er sprechen natürlich Italienisch, und sie kommen gut zurecht, ich denke, er ist sehr hilfreich für uns, da er drei Jahre lang in Venedig stationiert war und zur selben Zeit nach Verona gehen wird wie wir. Und wenn ich ihn mit der Zeit ein bißchen besser verstehen werde, kann ich ihn vielleicht dazu bringen, uns Radetzky vorzustellen.

Mr. Brown hat uns auch versprochen, uns den jungen und alten Mesdames Mocenigo vorzustellen – das ist eine der berühmten italienischen Familien, die es immer noch gibt und mit denen er sehr gut befreundet ist. Sie haben versichert, daß sie sich sehr freuen würden, uns kennenzulernen. Ich fürchte, wir werden die Gräfin Wimpffen[15] nicht kennenlernen. Ich habe den Eindruck, daß sie eine aufbrausende Person ist, da sie und ihr Mann sich, wie Mr. B. sagt, wie Katz und Maus streiten, und ich kann mir nicht vorstellen, daß es der Fehler des Grafen sein soll, wo er doch so erhaben wirkt und ihm seine Söhne so viel Zuneigung und Respekt entgegenbringen. Doch Tatsache ist, daß sie eine ziemlich reiche Erbin ist, die einzige Tochter eines Wiener Bankiers, von dort wird sie ihren Reichtum herhaben. Ihr Haus hier ist glänzend, doch infolge der Revolution haben sie und ihr Mann, der in *Triest* lebt, sich bis jetzt noch nicht daran freuen können. Die Leute hier tun seltsame Dinge, besonders in der Ehe, ich glaube eine Dosis englischer Sitten wäre nicht verkehrt, nur würden die Italiener sie nicht annehmen, obgleich sie sie an uns schätzen.

Uns wird viel Bewunderung und Aufmerksamkeit gezollt, die Zahl unserer Verehrer steigt täglich, und sie sind außerordentlich freundlich und nicht auf Amouren aus, was sehr angenehm ist. Heute zum Beispiel hat man mir echte Apfeltorte zum Weihnachtsdinner geschickt, und ich versetzte den Kellner in Erstaunen, als ich sie mit Brandy flambierte, aber da mir das nicht bekommt, probiere ich nur, und John aß seine Portion und meine auch noch. Eine andere Person schickte mir Karten für die Oper und das Ballett in La Fenice morgen abend, und lauter Dinge dieser Art. Männer sind doch große Narren! und Du liegst mit Deinen Bemerkungen zu dem, was sich allgemein schickt, keineswegs falsch, aber nimm nicht an, daß ich jemals auch nur meine Schuldigkeit meinem Gatten gegenüber vergesse. Ich hoffe aber, daß ich ein bißchen von Vaters gesundem Menschenverstand und von Deiner Diskretion geerbt habe und anwenden kann. Tatsächlich erwartet John von seiner Frau, daß sie sich um sich selbst kümmern kann, Du weißt ja, daß er sehr beschäftigt und nie mit uns zusammen ist, außer zu den Mahlzeiten, so daß wir tun können, was wir wollen. Ihn kümmert es nicht, wie viele Leute mit uns zusammen sind und wieviel Aufmerksamkeit sie uns schenken. Ich kann ihn vollkommen verstehen, und er ist so höflich und umgänglich, wenn er zu Hause ist, daß seine guten Manieren wahrhaft erfrischend sind, nach den indolenten Italienern und den berechnenden Deutschen. Aber wir Frauen möchten eben alles sehen und kennenlernen, und ich glaube, ich bin viel glücklicher damit, meinen eigenen Beschäftigungen nachzugehen, da ich dann weder John störe, noch er mich [...].

JOHN RUSKIN AN SEINEN VATER

Venedig, 23. Dezember 1849

Das kalte Wetter ist zurückgekommen, aber ich hoffe, es wird nur dazu beitragen, daß Weihnachten wie Weihnachten wirkt, was es übrigens sehr viel stärker tut, als ich es von Italien erwartet hatte. Es wird sehr schönes Geflügel angeboten, der Rialto und die angrenzenden Straßen sind von Verkaufsständen gesäumt, und man steckt den Tieren hier schwarze Federn in den Sterz, was einen ganz schönen Effekt macht. Es gab in den reicheren Vierteln auch ein Angebot an Rindfleisch, und die Äpfel und Kastanien sind überall schön anzusehen. Es wird jedoch kein fröhliches Weihnachten werden; sie haben zu viel erlitten und fast alles verloren. Und je mehr ich von der Stadt sehe – und ich habe nun fast jeden Winkel erforscht –, desto mehr erscheint sie mir als eine hoffnungslose Ruine. Verborgen zwar hinter Anstrich oder schlechten neuen Ziegelmauern, aber dennoch eine Ruine, ganz gleich, ob es sich um Hütte oder Palast handelt.

Vor ein oder zwei Wochen beauftragte ich meinen Valet-de-Place, mir die Erlaubnis zu erwirken, die Fenster des Palazzo Bernardo zu zeichnen. Er ging, wie er sagte, direkt zum Grafen Bernardo, und ich war der Hoffnung, zum ersten Mal in einen Palast mit der Genehmigung seines rechtmäßigen Besitzers eingelassen zu werden. So geschah es, und ich fand mich in einem gutmöblierten Raum wieder, dessen Eindruck allerdings dadurch gestört wurde, daß draußen Wäsche trocknete. Da das Fenster jedoch nicht dasjenige war, das ich zeichnen wollte, bat ich um Erlaubnis, einen Stock höher gehen zu dürfen. Jedoch besaß der Graf nur dieses eine Stockwerk in seinem Familienpalast, und ich muß mir jetzt die Erlaubnis von dem Bewohner darüber einholen.

Bei meinem heutigen Spaziergang kam ich durch einige Gebiete am Stadtrand gegen das Festland zu. Selten ist mir eine Szenerie untergekommen, die so zugewachsen und melancholisch erschien: verfallene Mauern, aufgegebene Gartengrundstücke, umgeben von morschen Zäunen, Müllhaufen, Brachland, Haufen und Dämmen aus Matsch und eingestürzten Mauern – noch nicht einmal die pittoresken Netze Italiens gab es hier, um den Eindruck zu retten. So sieht es am Stadtrand von London aus, wo Warrens Schuhwichse und Parrs Pillen hergestellt werden. Ich habe keine Hoffnung auf Besserung – gegen die Trägheit der Leute ist kein Kraut gewachsen. Mr. Brown empfahl mir jemanden, der nach seinen Worten *alles* über die Bibliothek des Dogenpalastes wüßte. Ich fragte ihn unter anderem, ob die Fenster, die kein Maßwerk haben, früher welches besaßen. »Niemals«, sagte er, »es gibt nicht die geringste Spur davon.« Da man zu diesen Fenstern mit der Leiter hochklettern muß und sie schwer zu öffnen sind, kam mir der Gedanke, daß sich vielleicht niemand die Mühe gemacht hatte, einmal hinzuschauen. Gestern habe ich genau dieses unternommen. Ich nahm die Bibliotheksleiter und öffnete alle Fenster, auf allen Seiten. Ich fand die Ansatzstücke für das Maßwerk, die Löcher für die Dübel, mit denen es befestigt worden war, die genaueren Umrisse auf der Mauer, und schließlich fand ich in einem Fenster an der Rückseite, dessen bloße Existenz wahrscheinlich allen Autoren, die über den Palast geschrieben haben, entgangen war, einen der gedrehten Schäfte mit Kapitell und allem dran. Der Bibliothekar fragte mich nachher, ob ich irgendwelche Spuren gefunden hätte. Ich sagte: »Spuren ja, gewiß«, aber ich sagte ihm nichts über meinen gedrehten Säulenschaft; soll er doch selbst danach Ausschau halten.

Die historischen Nachrichten über den Palast sind eine einzige Quelle der Konfusion. Der Name des Architekten ist nicht bekannt. Vom Baumeister sagt man, daß er an einer der Säulen aufgehängt wurde. Sein Name ist Calendario. Andere Quellen sagen, daß er erhängt wurde, bevor der Bau stand. Und die meisten Berichte stimmen darin überein, daß das obere Geschoß vor dem unteren gebaut wurde. Ich wurde davon ganz krank und machte mich selbst an die Arbeit, indem ich die Bauplastik in Klassen aufteilte und mir die innere Überzeugung verschaffte, daß man in sechs Bauphasen am Palast gearbeitet hat und mehr als ein Architekt in den verschiedenen Phasen am Werk war. Diese groben Daten werde ich der Reihenfolge nach vorstellen, und dann sollen sich andere darüber streiten, wer für was verantwortlich war.

Venedig, 6. Januar 1850

Wir haben diese letzte Woche sehr viel gesehen, und morgen vormittag nimmt uns Paulizza mit in das Arsenal, das wir bisher nur
von außen gesehen haben. Paulizza ist in der Abwesenheit des jungen Grafen unser angenehmster Freund, abgesehen davon, daß er
weder ein Wort Deutsch kann, noch Französisch spricht. Allmählich beginne ich jedoch sein Deutsch und er meines sehr gut zu verstehen. Ich habe ihn auf eine sehr kuriose Weise kennengelernt, eine
schöne Geschichte, die Dich bestimmt sehr interessieren wird und
die ich Dir eines Tages erzählen werde, doch im Moment habe ich
keine Zeit dazu.[16] Ich bin außerordentlich stolz auf ihn, da er kein
gewöhnlicher Charakter ist, obgleich Du nicht der Meinung sein
wirst, daß es für ihn spricht, wenn ich Dir erzähle, daß er es war, der
all diese Bomben auf Venedig abgeschossen hat. Ich vermute, er hat
deswegen jeden Tag geweint, aber es war seine Pflicht. John atta-
chierte sich sofort an ihn wegen seiner exquisiten Zeichnungen,
viele davon Konstruktionszeichnungen, Angriffspläne und Pläne
von der Lagune, und sie sind so perfekt ausgeführt, daß John – und
Du weißt, er ist ein strenger Richter – von ihrer Feinheit und ihrem
Stil vollkommen überrascht war. Er ist John behilflich, ihm zu
Kasernen und Wachstuben und Palästen Zugang zu verschaffen, die ihm bisher verschlossen geblieben waren. Er ist ein sehr
tapferer Mann und wurde dafür vom Kaiser mit zwei Orden geehrt.
Übrigens ist er auch ein Poet, er spielt Klavier, spricht fünf
oder sechs Sprachen, beherrscht die Technik des Stahlstechens,
kurz, wie er selbst schlicht sagt, Gott hat ihm genügend Talente
gegeben, so daß er in sehr vielen verschiedenen Gebieten zu arbeiten vermag. Da ihm sein Vater nicht sehr viel Geld hinterlassen
konnte und er neun Brüder hat, die älter sind als er, war er schon als
Junge immer sehr beschäftigt. Er war von einigen Stichen Turners[17]
sehr entzückt, und uns entzückten seine fremden Manieren durch
ihre Anmut. Als er die Stiche sah, nahm er John in seine Arme und
sagte: »Jetzt muß ich meinen Stift niederlegen. Ich kann nichts mehr
zeichnen, nachdem ich solche Kunst gesehen habe.« Er ist unauf-
hörlich beschäftigt, und wir verstehen ihn durch seine Aktivitäten
genauso gut wie durch seine Worte. Übrigens hat er sehr große persönliche Vorzüge. Er ist ziemlich blond und hat einen sehr schönen
Teint und klare Augen, ohne verweichlicht zu wirken, und obwohl

er 38 ist, sieht er nicht viel älter aus als Anfang Dreißig. Charlotte und ich sind uns einig, daß er der bestaussehende Mann in Venedig ist, sein grauer, scharlachrot abgesetzter Mantel, den die Offiziere hier übrigens nicht anziehen, sondern auf sehr schicke Weise über ihre Uniform werfen, zeichnet seine gute Figur sehr vorteilhaft aus.

Ich gebe Dir eine solch ausführliche Beschreibung seiner Person, da wir ihn so häufig sehen und Du vielleicht wissen möchtest, was für ein Mensch er ist. Wie viele Männer von Geist ist er manchmal auch ein bißchen kindisch, was dann auf seltsame Weise unter seinem gelockten Schnurrbart hervorkommt, und wenn man bedenkt, daß er 21 Jahre in der Armee war, so wundert man sich um so mehr.

John Ruskin an W. L. Brown

Venedig, 8. Januar 1850

»Ich gehöre zu denjenigen Menschen, die in der sicheren Erwartung leben, daß sie für alles, was ist, einen guten Grund finden.« Ihre Philosophie besagt also, daß wir den Zustand der Vollkommenheit erreicht haben, daß ein Ausgleich zum Positiven hin entsteht, wenn Mißstände auftreten, daß es einen natürlichen Gang der Dinge gibt, der einer inneren Notwendigkeit gehorcht. Meine Philosophie ist die, beziehungsweise sie entwickelt sich immer mehr dahin, daß wir alles falsch machen, daß wir so schnell wie möglich einem Zustand des allgemeinen Elends entgegeneilen, der uns zum warnenden Beispiel für alle anderen vernunftbegabten Kreaturen werden läßt. Ich betrachte unsere Ingenieurleistungen und unser Schrauben und Schleifen als reine Wahnsinnstaten. Und Sie glauben, daß alles seine Ordnung hat.

Bedenken Sie bitte für einen Augenblick, wie sehr Ihre ruhige Lebensstellung und Arbeit Ihre Anschauungen beeinflußt. Ihre Theorie hat nur in Ihrem eigenen Horizont Bestand. In England beziehungsweise in der Gegend von Bicester sind die Verhältnisse vielleicht noch so, wie sie sein sollen. Und wenn Sie friedlich Ihren Tee einnehmen und hören, daß ein oder zwei Grafen in Ungarn aufgehängt oder ein oder zwei Politiker in Italien erstochen wurden, dann bewirkt die Entfernung bei Ihnen eine angenehme Erregung, und Sie reagieren so, wie man sich zu Vergangenem äußert: »Gut denn.«

Aber nun verlassen Sie einmal die grünen Weiden von Wendlebury und steigen mit mir in meine Gondel und sagen mir, wie sehr
Ihnen der Anblick von der Mitte der Lagune aus gefällt. Da ist der
Markusplatz auf der einen Seite; viele Leute sieht man, und eine Kapelle von 50 Soldaten spielt Walzer für sie. Ein Großteil der Zuhö-
rer ist am Verhungern, sie gehen in der Sonne auf und ab, um sich
warm zu halten. Die anderen sind da, weil sie nichts zu tun haben
oder weil sie nichts tun. Aber alle würden sofort die walzerspielen-
den Soldaten umbringen, wenn sie konnten. Zu Ihrer anderen Seite
steht eine Kirche mit einem korinthischen Portikus, und davor eine
Batterie von sechs Kanonen, die auf den Markusplatz gerichtet
sind, um die Leute, die nichts zu tun haben, davon abzuhalten, die
50 Soldaten, die Walzer spielen, zu ermorden.

Am Ende des Markusplatzes sehen Sie San Marco. Am Eingang
werden Sie einen Mann finden, der Puppen und Spielzeug verkauft, und einen anderen, der Wachskrippen mit der Heiligen Familie und zwei Schäfern, zwei Affen und den Heiligen Drei Köni-
gen feilhält. Gehen Sie hinein, und Sie hören Gefiedel und
Trompeten, Sie sehen brennende Kerzen, und da ist eine Frau, die
in der Ecke vor einer schwarzen, mit einem rosa Seidengewand
und einem großen Fächer ausgerüsteten Statue betet – ihr Mann
wurde vor fünf Monaten aufgrund einer neuen Regierungsanord-
nung aus dem Arsenal entlassen, und da er keine neue Arbeit fand,
wurde er aufsässig und mußte mehrfach zurechtgewiesen werden.
Also nahm er ein Stilett und tötete den Gouverneur des Arsenals,
verwundete seinen Adjutanten und sich selbst. Der Mann, den man
halbtot herausgetragen hatte, wurde, um der Form zu genügen,
hochgebunden oder hochgehalten – und erschossen. Den Gouverneur begrub man in aller Stille, dem Adjutanten schnitt man den
Arm an der Schulter ab, und die Frau betet zu der schwarzen Statue. Ihre Kinder haben von meiner Frau ein paar Münzen erbettelt
und spielen nun in der Vorhalle, im Baptisterium, Kopf oder Zahl.
Da, zwei von ihnen fangen an zu streiten, aber da sie zu feig sind,
kämpfen sie es nicht aus, sondern fluchen ein bißchen und spielen
weiter.

Lassen Sie uns ein wenig in Richtung Westen rudern, und wir
befinden uns zwischen zwei Reihen von Palästen, von *ehemaligen*
Palästen. Die erste Tür zur Linken war einmal der Eingang für einen Abt – sie führt in ein reizendes Kloster – und hat als Skulptu-
renschmuck einen segnenden Bischof. Jetzt gehört sie zu einem
Laden für Marinebedarf. Gegenüber steht ein vornehmer Palast,

heute ein Hotel oder besser: früher ein Hotel, denn außer einem verhungernden Lakaien lebt da niemand mehr. Der nächste Palast ist zu vermieten; aber der einzige Diener, der dort aushält, liegt im Bett – es ist elf Uhr –, und Sie müssen wiederkommen. Ein Stückchen weiter, und wir haben einen Palast mit einem schwarzen Schiff davor und einem Kran, der aus den gotischen Fenstern ragt: ein Kohlenlager. Der nächste Palast sieht aus wie eine Ruine, wurde aber nie fertiggebaut: Die Familie bekam ihre Tür und ihr Wappen darüber, gab dann alles auf, und die Tür wurde nie wieder geöffnet. Hier aber ist endlich einer, der frisch gestrichen ist, ein alter Palazzo, aber gut getüncht, das *ist* »in Ordnung«, würden Sie sagen – er gehört einer Operntänzerin. Hier haben wir einen, den schönsten von allen und auch in gutem Zustand, er gehörte einmal dem Dogen Foscari und wurde für eine Akademie instand gesetzt. Nun dient er als Kaserne, und ein kroatisches Regiment schläft im Salon.

Nehmen wir nun diesen dunklen Kanal und fahren in die Richtung des Kirchturms[18], aus dem Rauch aufsteigt. Die Italiener bewundern Dampfmaschinen so sehr wie wir, aber sie können es sich nicht leisten, Schornsteine zu bauen, also benutzen sie alte Kirchtürme. Ein Stück weiter, und da ist wieder eine Kirche, auch eine Ruine, welche als die Nummer 100[19] für dieses Viertel fungiert. Nun gelangen wir auf das offene Meer und können aufatmen, und da sind die Alpen mit ihrem blauen Horizont, der 200 Meilen lang ist. Und diese ganzen 200 blauen Meilen sind mit Städten besetzt, und alle diese Städte sind so wie diejenige, aus der wir gerade kommen. Bewohnt von einem Volk, das seiner *Natur* nach zu den freundlichsten, angenehmsten, aufmerksamsten und fähigsten der Erde gehört, ein Volk voller Phantasie und Begeisterung, zu allem befähigt, mutig, großherzig, fleißig, ausdauernd, enthusiastisch, fromm, ein Volk, das umgeben von natürlichen Reichtümern lebt – ein Volk, das nun träge, ignorant, unfähig, sich Wahrhaftigkeit und Ehrlichkeit auch nur *vorzustellen*, blasphemisch, mordlustig, wollüstig, feige ist. Ein Volk, das unter der Herrschaft eines anderen lebt, welches es haßt, einzig aus dem Grund, weil es von ihm beherrscht wird, streng beherrscht wird, denn anders läßt es sich nicht beherrschen. Und das beherrschende Volk: es ist gemäßigt, überlegt, wohlerzogen, gut ausgebildet, doch wird seine staatliche Identität nur von einer Stahlfeder aufrechterhalten, die der nächste Stoß zum Springen bringt. Als Staat übt es Unterdrückung automatisch aus, während seine

Individuen freundlich und gut sind. Und die besten sind ohne Religion und verachten den Glauben, in dem sie erzogen wurden, und wissen von anderen Religionen nichts. […]

EFFIE RUSKIN AN PAULINE TREVELYAN

Venedig, vermutlich 2. Hälfte Januar 1850

Wir sind nun beinahe schon drei Monate in Venedig, welches in jeder Hinsicht der angenehmste Ort ist, an dem ich jemals war, und ich sehe der Aussicht, daß wir Venedig im nächsten Monat verlassen, mit größtem Bedauern entgegen. Ich weiß nicht, wie die Stadt aussah, als Sie hier waren, aber lassen wir einmal die Tristesse, die auf alle Erinnerungen folgt, beiseite, so glaube ich, daß die Stadt ist, wie sie immer war, und mit Ausnahme einiger weniger österreichischer Bomben, die durch ihre Dächer fielen, haben die Paläste keinen Schaden gelitten, zumindest nicht die Fassaden. Die Schäden im Inneren sind insofern nicht von großer Bedeutung, als man die Originalräume so oft verändert hat, wie ein neuer Besitzer einzog, so daß ein neues Dach oder ein neues Stockwerk leicht ersetzt werden können. Wären hingegen die Fassaden oder Fenster zerstört worden, dann hätte man diese nicht so leicht reparieren oder ersetzen können.

Mr. Ruskin ist den ganzen Tag über bis zum Dinner beschäftigt, und sonst sehen wir ihn kaum zwischen Tee und Schlafengehen, denn er hat herausgefunden, daß die kurze Zeit, die wir hierbleiben können, angesichts der Menge des zu Leistenden nicht ausreicht. Er zeichnet und macht Notizen, fertigt Daguerreotypien an und nimmt Maße von jedem Palast, Haus, Brunnen oder Objekt von einschlägigem Interesse, so daß Sie sich vorstellen können, wie viel er zu ordnen und zu bedenken hat. Manchmal necke ich ihn ein wenig mit seinen sechzig Türen und Hunderten von Fenstern, Treppen, Balkonen und anderen Bauteilen, mit denen er sich Tag für Tag abgibt. Das schlechte Wetter der letzten Zeit hat ihn in seiner Arbeit stark behindert. Wir hatten drei Schneestürme, allesamt von einer Stärke, wie man sie hier seit 1829 nicht mehr erlebt hat. Kaum hatten die Gondolieri die Piazza von San Marco und die Riva davor geräumt, als der nächste Sturm kam und die Kanäle mit Schnee und Eis füllte. Als es zu tauen begann, konnte man das Haus kaum

verlassen, weil der Schnee in Massen von den Dächern fiel. Johns Gondoliere wurde eines Tages beinahe verschüttet, so berichtete er zumindest, und konnte sich vor einer ganzen Lawine nur durch einen geschickten Schlag mit seinem Ruder retten.

Wenn ich vorhin erwähnt habe, daß Venedig durch die Revolution keinen Schaden davongetragen hat, zumindestens was seine steinerne Architektur anbelangt, so ist die Wirkung auf die Menschen doch eine sehr traurige. Alles ist stumpf und geistlos, der italienische Adel legt einen solchen Mangel an Moral und Mut an den Tag und handelt zur gleichen Zeit so ganz und gar gegen seine eigenen Interessen, daß man die Gründe für dieses Verhalten kaum versteht. Seit wir in Italien sind, haben wir die Bekanntschaft mehrerer Österreicher und auch einiger italienischer Familien von Rang gemacht, so daß wir in vielen politischen Gesprächen die Ansichten beider Seiten zu hören bekommen und nicht umhinkönnen, uns für Fragen zu interessieren, die von so großer Bedeutung für Italien sind.

Die meisten venezianischen Familien sind auf ihren Landsitzen geblieben oder ins Ausland gegangen, anstatt in ihre Paläste zurückzukehren, wozu Radetzky sie aufgefordert hat, um den Handel in der Stadt wieder zu beleben, aber sie haben solche Angst vor der Republikanischen Partei, welche es immer noch gibt, daß sie es für besser halten wegzubleiben. In der Tat fürchten sie sich mehr vor ihren eigenen Landsleuten als vor den Österreichern, von denen ihnen tatsächlich keine Gefahr droht. Als das Fenice vor einem Monat für den Karneval öffnete, stellten die Republikaner am ersten Abend Posten an den Eingängen auf, um die Italiener zu überwachen. Einige waren zu diesem Anlaß vom Land in die Stadt gekommen, aber als sie dies hörten, blieben sie fern; kein einziger Italiener erschien, wie wir selbst bezeugen können, mit Ausnahme der Gräfin Mocenigo, die jedoch eine Deutsche[20] ist.

Sogar die Kirche ist aus der Mode gekommen, und niemand geht zu den Weihnachtsmessen, an denen ich demonstrativ teilnahm, außer niederem Volk, das mit Papiertüten hinter den Kerzenträgern herläuft, um das Wachs aufzusammeln. Außer Österreichern und Musikern war einfach niemand anwesend. Ich fragte einen Italiener nach den Gründen. »Oh!« sagte er. »Es ist nicht ehrenwert, in die Kirche zu gehen, niemand geht mehr, und die Priester lehren einen falschen Glauben.« Danach habe ich noch viele andere gefragt, und die Antwort war immer die gleiche, daß die Religion heute nicht mehr alles sei und daß ihre Priester ihnen kein Beispiel seien und daß der Papst sie verraten habe und ihre ganze Verachtung genieße.

Kurz, sie sagen, daß Venedig tot sei und daß ganz Italien tot sei, und wenn man sie nach ihren Aussichten für die Zukunft fragt, dann zucken sie mit den Schultern wie die Franzosen und antworten nicht. Die Art und Weise, wie die Italiener auf alle entgegenkommenden Angebote Radetzkys reagieren, muß einen gegen sie einnehmen, denn er ist die Milde in Person, und nicht eines der Strafgelder, die verschiedenen Familien auferlegt worden waren, ist bisher gezahlt worden, noch wird es je gezahlt werden. Radetzky kündigte neulich an, daß er ein Essen und einen Ball in Verona veranstalten würde und daß seine Offiziere miteinander Walzer tanzen würden, wenn die Damen nicht kämen. Er gab letzte Woche einen Ball, und ich fragte Madame Minischalchi, ob sie teilgenommen hätte. »Natürlich nicht!« versicherte sie mir. »Alle waren erkältet!« Und nun ist sie mit dem Grafen nach London abgereist und will erst im Juni zurückkehren, um zu sehen, wie sich die Dinge entwickelt haben. Wir haben Marschall Radetzky mehrere Male gesehen; er ist eine wahrhaft erstaunliche Gestalt, er hält sich ganz gerade und geht sehr stramm. Sein Haar ist grau, und seine Augen sind stark entzündet, was seiner persönlichen Wirkung Abbruch tut. Alle sagen, daß er ein guter Mensch ist, und die Personen in seiner Umgebung sind ihm sehr zugetan. Neulich lud er seine Gräfin zu sich nach Verona ein. Sie kam und ist eine kleine dünne Frau mit einer flachsfarbenen Perücke, einer Haube und ohne Zähne. Sie hatten sich *dreißig* Jahre lang nicht gesehen, jedoch immer brieflich und freundschaftlich miteinander verkehrt, und nun werden sie wohl miteinander weiterleben.

EFFIE RUSKIN AN IHRE MUTTER

Venedig, 18. Januar 1850

Ich habe in den letzten Tagen mit Mr. Brown einige schöne Spaziergänge gemacht. Er widmete uns, oder besser mir, den halben Tag und schickte mir heute morgen ein Briefchen, das ich beilege. Ich fügte zu Georges Vergnügen auch eines von Paulizza bei. Für gewöhnlich beantworte ich die Briefe von Paulizza, bevor ich sie gelesen habe, denn ich brauche ungefähr eine Stunde, um sie zu entziffern, und da sie normalerweise Fragen nach meinem Befinden enthalten, kann ich gar nicht so viel falsch machen. Dieser handelt von der Fenice, wo wir gestern abend Donizettis Oper *I Matire* [sic][21] gehört haben, wunderschöne Musik und sehr gut aufgeführt. Das Ballett war *Esmeralda*[22], als Primaballerina sahen wir Augusta Maywood[23], eine Engländerin, verheiratet und eine ehrenwerte Frau. Ich habe nie einen solchen Tanz gesehen, er war wirklich die Poesie der Bewegung selbst, und ihr Spiel war so schön, daß John, der zu Paulizzas größtem Vergnügen während der ganzen Oper an einem Kapitel über Hohlkehlen geschrieben hat, seine Arbeit beiseite legte, ganz begeistert war und sagte, daß er noch nie einen Tanz von dieser Qualität gesehen habe, außer von der Taglioni.[24] Das Haus war voll, die Damen der venezianischen Gesellschaft waren gekommen, unter ihnen sah ich die Baronin Hessler, die Mutter des Pianisten Thalberg, die Gräfin Mocenigo und einige andere, die ich nun allmählich kennenlerne, die Gräfin Grimani etc. Diese letzten beiden habe ich freundlicherweise durch Mr. Brown kennengelernt, und ich werde sie später näher beschreiben. Als wir das Theater verließen und mit unseren beiden Kavalieren durch die Menge gelangt waren, haben wir den Platz nicht mehr gefunden, wo unsere Gondel festgemacht war. Wir liefen über die schmalen Kanäle zurück zum Theater. Ich habe noch nie eine so verwirrende Stadt erlebt; schließlich stießen wir auf die richtige Gasse, und als wir bei unserer Gondel anlangten, trafen wir dort eine Menge Leute an, da unser Nichterscheinen Verwunderung hervorgerufen hatte und unser Diener sehr bestürzt überall nach uns mit Lampen gesucht hatte. [...]

JOHN RUSKIN AN PAULINE TREVELYAN

Venedig, 27. Januar 1850

Wir haben fast fünf Wochen Dauerfrost gehabt und eine Woche Schnee – zuerst waren es etwa neun Inches, und dann fielen noch einmal drei oder vier. Die Italiener bemühten sich nicht, den Schnee von ihren Dächern zu kehren, und nachdem ich einen Sommer am Monte Rosa und am Mont Blanc nach Kräften geklettert war, ohne daß eine Schneeflocke mein Gesicht berührt hatte, wurde ich beinahe *von einer Lawine verschüttet* – es fehlte die halbe Breite einer Gondel. Das ist Venedig! Der Schnee von einem halben Hausdach rutschte herab und fiel mit großem Getöse in den Kanal, wo er knapp unser Boot verfehlte. Die Piazza von San Marco bot einen neuen, höchst seltsamen Anblick: ein weißes Feld wie ein zugefrorener Bergsee (denn man hat nur unter den Arkaden geräumt und die Mitte des Platzes unberührt gelassen). Die Kuppeln von San Marco wirkten wie der Dôme du Gouter, und das Maßwerk des Dogenpalastes war wie mit Zucker nachgezogen und sah aus wie gotische Schrift auf einem Dreikönigskuchen. Nicht weniger seltsam war es am Canal Grande. Die reich verzierten Balkone waren mit Schnee beladen und drapiert, anstelle der weißen Seiden- und Satinvorhänge, die dort gewöhnlich hängen. Darüber stand ein bleiern dunkler Himmel, und das Meerwasser zeigte das ihm eigene reine, aber düstere Grün, das im Vergleich mit dem weißen Zuckerwerk der Häuser merkwürdig dunkel wirkte. Und die Seemöwen, welche die Kälte bis zum Rialto getrieben hatte, schwebten so *langsam* wie große Schneeflocken durch die Luft, wobei das tiefgrüne Wasser im blassen Aquamarin ihres Brustgefieders reflektiert wurde. Nun, all dies war sehr wohltuend, schließlich kam das Tauwetter, und nachdem es eine Woche lang von allen Ziegeln und Wasserspeiern auf uns herabgetropft hatte, dachte ich, es sei jetzt zu Ende, aber eines Morgens, als ich im Boot zeichnete, was ich gewöhnlich tue, und genau unter der Seufzerbrücke lag, war etwas Merkwürdiges mit meinen Farben geschehen: Sie ließen sich mit Wasser nicht mehr anrühren, und als ich mit meinem Pinsel in ihnen herumstocherte, da war er hart wie ein Stock. Kurz, alles war wieder gefroren.

Normalerweise würde ich ja bei solchem Wetter nicht draußen zeichnen, aber hier habe ich es während des Winters sehr oft getan, doch so etwas war mir noch nie passiert. Ich ließ den Pinsel fallen, ergriff das Ruder und steuerte die Lagune in Richtung Murano an: Sie war eine einzige Eisfläche, so weit das Auge reichte. Ich war mir sicher, daß ich bei anhaltender Kälte in ein oder zwei Tagen nach Torcello würde *gehen* können, aber die Kälte ließ nach, und ich hoffe, wir haben das Schlimmste überstanden. Jedenfalls hat sich der Grund dafür, daß ich Effie nach Italien gebracht habe, das mildere Klima, nicht realisiert. Sie werden fragen, warum Venedig, aber in Neapel und natürlich erst recht in Pisa war es nicht besser, wie ich höre.

Effie ist, wenn das möglich ist, noch lieber in Venedig als ich. Und ich denke, das *ist* möglich, denn wenn sie auch nur zwei Drittel oder drei Viertel der Freuden empfindet, die mir San Marco und der Dogenpalast bereiten, so leidet sie doch nicht wie ich unter dem Anblick der Restaurierungen und des Verfalls.

Während ich über jeden Kanonenschuß jammere und mit den Zimmerleuten hadere, schließt sie Freundschaft mit österreichischen Offizieren und heckt Reformen in Salons aus. Während ich murre und knurre, schwatzt sie mit den Leuten und lacht über sie. Und wenn die Arme nicht immer noch krank wäre, dann hätte sie hier die beste aller Zeiten überhaupt. Aber krank, wie sie ist, tut ihr der Schirokko mit jedem Atemzug gut. Außerdem ist ihr Zustand durch die Pflege und die Ratschläge eines Mönches sehr viel besser geworden, nein, keines Mönches, sondern eines Frate von einer der wohltätigen Gesellschaften, die auch die Pflege im Lazarett übernommen haben. Er verwöhnt sie und muntert sie auf und gibt ihr frische Milch, so frisch, als käme sie aus dem Melkeimer in Bowers Well[25], und behandelt sie auf eine angenehm ruhige und aufmerksame Weise, was ihn ihr und mir sehr viel vertrauenswürdiger erscheinen läßt als die meisten Ärzte. Ich hoffe, daß ich Ihnen bald mitteilen kann, daß sie imstande ist, Sie in Northumberland zu besuchen. So haben wir unseren Aufenthalt hier von Woche zu Woche hinausgezögert, Effie zufrieden, in Venedig zu sein, und ich auf Jagdzügen durch die Bibliothek von San Marco, ohne deren Ergebnis ich mein Werk hier nicht abschließen kann. Pisa und Florenz werden wir nur besuchen, weil wir auf alle Fälle die Meeralpen außen umgehen müssen, aber wir werden an beiden Orten nicht mehr als zehn Tage verbringen. Ich war wegen des Wetters nicht in der Lage, sehr viel zu *zeichnen*, aber ich habe einige architekturgeschichtliche Fakten zusammengetragen und Objekte dokumentiert, die binnen kurzem verschwunden sein dürften. Ich habe hart gearbeitet, aber das Thema ist unvorstellbar kompliziert, und drei Monate sind vorbei, bevor man sich seiner Klärung auch nur angenähert hat.

Können Sie sich vorstellen, daß zwischen den italienischen Gelehrten die Frage offen ist, ob der Palazzo Ducale von 1350 oder von 1423 datiert? Aber es ist so, und was die privaten Palazzi anbelangt, so sind deren Daten ungefähr so sicher wie die der Pyramiden.

Gleichwohl darf ich mich nicht im venezianischen Nebel verlieren, der im Vergleich mit dem schottischen durchsichtig ist, und darf Sie nicht durch unsere Briefe besorgt machen, so wie Sie sich ohne unsere Briefe besorgt haben werden. Ich hoffe jedoch, daß Sie in der Zwischenzeit Effies Brief erhalten haben. Sie schreibt im Moment nicht viel –Ihr Brief, so lange er auch auf sich warten ließ, war, denke ich, der erste , den sie beantwortete, mit Ausnahme derer, die sie von zu Hause empfängt.

Venedig, 3. Februar 1850

Gestern wurden wir von Paulizza auf die Insel St. Giuliano mitgenommen, von wo aus er all die Bomben auf Venedig abgeworfen hatte. Ich habe beim Lesen niemals richtig verstanden, was der Krieg für Folgen haben kann, bis wir diesen Ort gesehen haben, der, wie Du bemerken wirst, eine Seite Venedigs strategisch beherrscht. Es ist kaum sieben Monate her, daß hier ein schönes Haus stand mit einem wundervollen Garten voller Bäume und Blumen, nun siehst Du hier vier Schilderhäuser und Pfützen mit gefrorenem Wasser, Erdwälle, Munition, Kanonen und etwas, was ich für Menschenknochen halte, herumliegen – das vollkommene Bild der Trostlosigkeit, aber immer noch fesselnd. Paulizza, seine Offiziere und Mannschaften standen hier drei Monate lang, ohne die Stellung jemals zu verlassen oder im Bett schlafen zu können, manchmal vierundzwanzig Stunden ohne Proviant und permanent durch den Beschuß der feindlichen Batterien dezimiert. Einige von ihnen hatten keine Schuhe, darunter Paulizza selbst, und seine Füße waren so geschwollen, daß er kaum stehen konnte. Zum Glück war es Sommer, sonst wären noch mehr gestorben. So waren es immerhin siebenhundert auf diesem kleinen Stück Erde. Ihr Pulvermagazin fing Feuer, und seine Explosion tötete eine große Zahl.[26]

Von St. Giuliano setzten wir zur Terraferma über und gingen einen langen Weg durch die Sümpfe nach Malghera, wo wir weitere Festungen und Soldatenbaracken sahen – genügend Kugeln, Bomben und Munition für eine weitere Blockade. In Malghera bestiegen wir unsere Gondel und erreichten Venedig vor dem Abendessen. Der Tag war wunderschön, aber kalt, dennoch war es in der Sonne sehr angenehm, aber Paulizza erklärte, daß es kalt werden würde auf einer so langen Bootsfahrt, selbst in einem geschlossenen Boot, und daß er niemals losfahren würde ohne eine *Wärmflasche* unter seinem grauen Mantel für mich. Stets tadelte er John dafür, daß er mich über dem Feuer sitzen läßt[27], er ist von den Flaschen sehr überzeugt, und ich denke, daß auch Du davon überzeugt sein würdest, vermute aber, daß George es äußerst ungehörig und gefährlich finden würde, fünf Stunden damit zu verbringen, Deutsch zu sprechen und mit der Gondel umherzusegeln, aber im Ernst: George soll sich nicht aufregen, denn wir sind in der Begleitung eines Mannes von großen Gaben. Wenn ich bedenke, wieviel Arbeit

er zu erledigen hat, frage ich mich, wie er so viel Zeit mit uns verbringen kann, aber wie ich in meinen letzten Briefen schon erwähnt
habe: John verlangt von einer Frau, daß sie auf sich selbst aufpassen
kann; so nehme ich, wie Du sagst, meinen ganzen Verstand zusammen. Alle anderen Offiziere und Italiener, die ich kenne, sind mir
genauso zugetan wie Paulizza, nur er hat den Zugang zu allem hier,
den auch wir bekommen würden, wenn wir noch ein bißchen länger hierblieben, wo wir jetzt mit einigen von den anderen bekannt
sind. Vor Paulizza haben sie mehr Respekt, da er ein so distinguierter Mann ist. Was seine zahlreichen Fähigkeiten anbelangt, so erzählte er mir gestern, daß er stricken und sehr gut nähen und
Schuhe machen könne. Ich wüßte nichts, was er nicht könnte, und
als er jünger war, konnte er besser musizieren und singen als alle anderen. John sagt, jemanden wie ihn habe er noch nie getroffen. Er
geht zu ihm nach Hause und betrachtet alle seine Studien. Er un-
ternahm etwas ganz Wunderbares mit Ballons gegen Venedig, aber
ich habe nicht richtig verstanden was.[28] Du mußt George erzählen,
daß John in jeder Hinsicht mit meinem Betragen zufrieden ist und
jeden Tag freundlicher und liebevoller zu mir wird, und wenn es um
die Qualitäten eines guten Ehemanns geht, so hoffe ich, daß ich
seine auch entsprechend zu würdigen weiß. John fühlt sich besonders von der Aufmerksamkeit, die mir die anderen schenken, ge-
schmeichelt, und wenn wir ausgehen und mir etwas gefällt, würde
er mir alles kaufen, wenn er davon überzeugt ist, daß es mir gut
steht.

EFFIE RUSKIN AN IHREN BRUDER GEORGE

Venedig, 18. Februar 1850

Der Leichtsinn der jungen Männer ist in meinen Augen besonders
charakteristisch für den Unglauben, der auf dem Kontinent
herrscht, und für die völlig rücksichtslosen Ansichten über das Leben nach dem Tode. Wie Mr. Capes zu meiner Mutter sagen würde,
es paßt zusammen wie Topf und Deckel, wenn man Paulizza über
den heutigen Zustand der katholischen Kirche reden hört. [...]
Gemäß der römischen Doktrin des Glaubens an die Werke denkt
er, daß er die Pflichten für sein Land in seinem Leben und in seinen
Sitten so perfekt erfüllt und immer so lebt, daß er sicher ist, in den

Himmel zu gelangen, wenn er im nächsten Moment sterben würde. In der Tat folgt er seinen eigenen Lebensregeln und ist völlig verschieden von seinen Offizierskollegen und besucht niemals die Cafés oder Spielhallen, sondern studiert ohne Unterlaß. John hat jedoch große Sorge um seine Augen, und ich weiß nicht, was er täte, wenn er sein Augenlicht verlieren würde. Er sagt, daß Gott ihm gnädig sein wird, und legt sein Schicksal ganz in seine Hände. Und was die Verehrung anbelangt, die er mir entgegenbringt, so sagt Charlotte, daß sie zum Steinerweichen sei. Ich weiß nicht, was er machen wird, wenn wir wieder weggehen. Er tut John sehr leid und mir auch, und ich amüsiere mich über John, der sagt, daß er mich viel mehr respektiert, seitdem er weiß, daß ein so talentierter Mann wie Paulizza mich mag. John findet, daß Paulizza ihm in Gemüt und Charakter absolut ähnlich ist, aufgewachsen in unterschiedlichen Umständen und auf eine viel härtere Probe gestellt.

Wir sind am Samstag alle zum Lido gegangen. Es war der wunderschönste Tag, und die Adria lag da wie eine endlose blaue Fläche. John ging mit den Österreichern den Strand entlang, und sie diskutierten über die Bildung von Sandbänken und die Theorie der Gezeiten. Charlotte und ich gingen in die entgegengesetzte Richtung ungefähr zwei Stunden lang, und wir legten uns zuletzt mitten in das hohe Gras und sammelten Muscheln, bis unsere Taschentücher ziemlich voll waren. Die Herren gesellten sich dann zu uns, und wir hatten großen Spaß daran, kleine Krabben zu fangen, die in Mengen vorkommen und die Miesmuscheln fressen. Wir fingen welche und setzten sie in eine Reihe, um sie ein Rennen laufen zu lassen. Die Art, wie einige von ihnen einen Kampf mit ihren Scheren aufführten, ohne ein Stück vorwärts zu kommen, war sehr schön. Die beiden Männer waren wie Kinder, und John[29] und die kleine Melville hätten sich köstlich amüsiert bei den Bootsrennen, die sie veranstaltet haben, indem sie die großen, leeren Muscheln als Schiffe auf das Wasser gesetzt haben. Es war bereits Abendessenszeit, als wir zurückfuhren, und ich habe nie etwas Schöneres gesehen als diesen Sonnenuntergang. Wir kamen an einem großen österreichischen Kriegsschiff vorbei, an dessen Takelage die Matrosen wie eine Traube von Bienen hingen und nach Herzenslust sangen.

Venedig, 24. Februar 1850

John erregt lebhaftestes Erstaunen bei Groß und Klein, und ich glaube, die Venezianer haben noch nicht ausgemacht, ob er total verrückt oder ein großer Weiser ist. Nichts vermag ihn zu unterbrechen – der Platz mag voll oder leer sein, John steckt entweder unter dem schwarzen Tuch und macht Daguerreotypien, oder er klettert zwischen Kapitellen herum, die so mit Staub und Spinnweben bedeckt sind, daß er wie nach einem Ritt mit einer Hexe zurückkehrt. Wenn er dann wieder unten ist, wartet er geduldig, bis Domenico ihn abgebürstet hat, ungeachtet der vielen Müßiggänger, die ihn überhaupt nicht verstehen können. Manchmal amüsiert er sich darüber, doch in der Regel widersetzt er sich der Gesellschaft nicht. Neulich nahm er Paulizza, Charlotte und mich mit nach Torcello. George, John und die beiden Gondolieri ruderten uns, so daß wir sehr schnell dorthin gelangten. Der Tag war ein bißchen bewölkt, aber wir wollten den Termin nicht verschieben, da wir fürchteten, daß sich diese Gelegenheit nicht noch einmal anbieten würde; die Sonne kam dann sehr warm durch, und der Nachmittag war wunderbar. Charlotte und ich liefen in den Kirchhof, um zu sehen, ob die Veilchen schon blühten, aber wir waren immer noch ein bißchen zu früh dran und fanden nur eine Menge frischer Blätter. Gegen drei Uhr ließen wir uns an demselben Platz nieder, an dem wir schon einmal waren und der beim ehemaligen Mönchskloster der Brüder von Torcello liegt, das jetzt mit Schlacke angefüllt ist; eine schwarze Eidechse wurde von der Wärme der Sonne geweckt und fiel von oben auf meine Schulter, doch ehe ich sie sehen konnte, war sie weg. George legte ein Tischtuch aus und verteilte darauf kaltes Geflügel, Parmesankäse, italienisches Brot, Rindfleisch, Kuchen, Muskatellerwein und Champagner und ein kupfernes Gefäß mit kaltem Wasser aus dem Ziehbrunnen, das unsere Speisekarte vervollständigte. John und Paulizza waren in bester Stimmung, niemand könnte vergnügter sein als die beiden. Um uns zu beweisen, daß der Champagner, von dem sie natürlich nicht zuviel genommen hatten, ihnen nicht zu Kopf gestiegen sei, veranstalteten sie nach dem Essen Rennen um die alten Gebäude herum, und zwar so schnell, daß man sie kaum sehen konnte. Paulizza sah so lustig aus mit seinem Säbel, der bei jedem Schritt auf- und abhüpfte, und mit seiner blauen Brille, die er seit ein paar Tagen trägt und die, wie er findet, seinen Augen gut tut. Er trägt sie nicht auf der Straße, aber wenn er in die Sonne kommt. […] Ich kann kaum ohne Schmerz an Paulizza denken, denn wenn wir abreisen, wird er so vollkommen einsam sein, daß ich fürchte, er wird sich erschießen. Er ist von Natur aus sehr melancholisch, und einer seiner Brüder hat sich erschossen, und diese Ausländer haben nicht dieselbe Einstellung zum Selbstmord wie wir. Wenn er mit uns zusammen ist, scheint er schon nach kurzer Zeit seine Traurigkeit zu vergessen und wird sehr heiter und glücklich. Er hat mich sehr gern, und wie Du sagst, wäre John unfreundlich und nicht so vollkommen liebenswürdig und gut zu mir, wäre diese tiefe Verehrung eines so gutaussehenden und begabten Mannes ein wenig gefährlich, aber ich bin eine seltsame Person, und Charlotte ist der Ansicht, daß ich wirklich ein Herz aus Eis habe, da sie beobachtet, wie er, den Tränen nahe, zu mir spricht und ich ihn anschaue und antworte, ohne die geringste Regung zu zeigen, aber ich fühle wirklich nichts. Ich könnte niemanden sonst auf der Welt als John lieben, und wenn ich sehe, wie sich diese Italienerinnen aufführen, finde ich das so absolut geschmacklos, daß ich selbst die Lust verliere zu kokettieren, was ich, wie John meint, durchaus beherrsche, doch er findet es charmant, ich weniger. Ich berichte ihm jedes Wort von dem, was Paulizza mir erzählt, und umgekehrt, so daß sie sich bestens verstehen, und wenn du mich fragst, so glaube ich, daß Paulizza niemanden hier besser leiden kann als John. Wie dem auch sei, um mich brauchst Du Dir keine Sorgen zu machen, Paulizza sollte Dir leid tun. Ich gehöre zu der seltensten Rasse der Welt: Ich habe kein Talent zur Intrige, alles muß bei mir offen zutage liegen.

EFFIE RUSKIN AN PAULINE TREVELYAN

Montélimar, 1. April 1850

Wir haben Venedig mit großem Bedauern verlassen, und Sie werden es kaum glauben, aber ich war diejenige, die am meisten trauerte. John war umso weniger gerne dort, je länger der Aufenthalt dauerte, was meiner Meinung nach mit dem heruntergekommenen Zustand der Italiener zu tun hatte, denn wohin er auch immer ging, er hatte ihre schmutzigen Gewohnheiten und eigensüchtigen Parolen vor Augen, und da er mit ihnen sehr viel in Berührung kam, war er entsprechend entsetzt, und er hatte auch die Hoffnung auf Besserung bei den höheren Klassen aufgegeben, denn auch sie tragen durch ihr Schmollen und ihre Indolenz sehr zum Niedergang ihres Landes bei. Und als er seine ganzen Unterlagen aus Venedig davongetragen hatte, da fühlte er sich beinahe erleichtert, so schien es mir, einen Ort hinter sich zu lassen, der ihm so viel Enttäuschung bereitet hatte, aber ich denke, daß er zurückkehren wird, denn er hat noch andere Aspekte seines Gegenstandes nicht erforscht, und ich bin so gerne dort, daß ich ihn zu dieser Rückkehr dränge. Ich habe dort einige gute Freunde gefunden, die alles unternommen haben, um mich glücklich und zufrieden zu machen, was ihnen leicht gelang, denn ich war schon vorher glücklich, aber es fehlte eher an den materiellen Annehmlichkeiten, die in Italien nicht zu verachten sind. Die einen sandten mir regelmäßig Brot, die anderen Milch, die dritten fast jeden Tag Blumen. Ich kam auch ein wenig in Gesellschaft, in die italienische wie in die deutsche, und konnte beide nicht recht schätzen, eher noch die italienische. Für sich genommen sind die Österreicher eine Bekanntschaft wert, und ich konnte mein Deutsch verbessern, was mir sehr am Herzen liegt; es lief aber letztlich darauf hinaus, daß ich sehr wenig sprach, denn in Gegenwart von Fremden war es kaum notwendig – ich wundere mich, daß nicht die Hälfte an Quasselsucht stirbt, denn ein jeder versucht, soviel wie möglich in der kürzesten Zeit zu sagen, ganz gleich, wie unbedeutend das Thema ist.

John Ruskin,
Studie eines Kapitells am Palazzo Ducale.
Bleistift, Tinte und Lavur.
The Ruskin Galleries,
Bembridge School, Isle of Wight.

Zweiter Aufenthalt:
September 1851 – Juni 1852

EFFIE RUSKIN AN IHRE MUTTER

Venedig, 10. September 1851

Heute morgen wurden wir von Kanonenschüssen geweckt, die jedes Haus Venedigs erschütterten und dem Palazzo Ducale sehr geschadet haben müssen. Ich war um sechs Uhr wach, und gegen acht Uhr ging ich zur Piazza, wo ich bis in den ersten Stock des Campanile hinaufstieg und von dort aus einen wunderbaren Blick über den ganzen Platz und die aufmarschierten Truppen und auf San Marco, vor dem purpurrote Kissen lagen, hatte. Sofort nachdem der junge Kaiser in seiner großartigen Uniform aus der Kirche getreten war, erwartet von all den Klerikern in ihren roten Gewändern, empfingen sie den Segen des Patriarchen, alle Mann kniend, auch der König selbst. Es war ein wunderschönes und beeindruckendes Schauspiel. Die Truppen marschierten dann vor ihm auf, und er berührte den Hut vor jedem Soldaten und grüßte ihn im Vorübergehen. Radetzky stand die ganze Zeit neben ihm, und seine wunderbaren Jäger waren scharlachrot gekleidet, mit polierten Helmen und weißen, über die Schultern geworfenen Mänteln, die mit Pelz besetzt und mit goldenen Stickereien verziert waren. Der Kaiser ist seinem Porträt sehr ähnlich, ein großer, gutaussehender junger Mann von zwanzig Jahren, mit einer sehr guten Figur, schlank und gut gewachsen, er geht bemerkenswert gut und hat sehr zierliche Füße. Sein Gesicht ist sehr hübsch, und nach der Art und Weise zu schließen, wie er sich bewegt und zum Volk spricht, scheint er sehr leutselige Umgangsformen zu haben. Wir stiegen dann in unsere Gondel und fuhren mit ihm in Begleitung von tausend anderen Gondeln zum Bahnhof, von wo er nach Verona fuhr, wo er, wie man sagt, so ziemlich alle Fürsten Italiens auf einem sehr wichtigen Kongreß trifft, dessen Ergebnis wir in Kürze erfahren werden. In Verona nimmt er eine sehr große Truppenparade ab: vierzigtausend

Mann Infanterie und Artillerie. Viele Gondolieri erschienen heute morgen bunt herausgeputzt mit ihren hellblauen Jacken und Schärpen mit goldenen Verzierungen und weißen Hosen.

JOHN RUSKIN AN SEINEN VATER

Venedig, 14. September 1851

Ist heute Sonntag oder nicht? Ich kann es kaum sagen, denn in der letzten Nacht wurde jedermann, der am Canal Grande wohnt, vom Podestà aufgefordert, um halb sieben in der Frühe Teppiche herauszuhängen, um den Kaiser ehrenvoll zu empfangen, der um sieben Uhr durch Venedig kommen sollte. Demzufolge wurden wir um sechs Uhr von einer Kanonade geweckt, die mit nur geringen Unterbrechungen eine halbe Stunde dauerte. Heftiges Artilleriefeuer von allen Batterien und Pontons beim Palazzo Ducale, sehr schön anzuschauen und jeden Pfeiler des Palazzo bis in die Fundamente erschütternd. Der Schaden, schätze ich, war nicht geringer als die Einwirkung von fünf Jahren Winter und schlechter Witterung. Aber alle waren natürlich sehr angetan, und die oberen Balkone von San Marco waren voll von Zuschauern (niemals sah ich dort oben Menschen, welche die Kirche oder die Pferde betrachten wollten). Effie und ich bestiegen das Dach der Loggia vor dem Campanile, und von dort konnten wir alles sehen. Der Kaiser ist ein gutgebauter junger Mann mit einem eher schmalen, häßlichen, aber nicht unangenehmen Gesicht. Er und Radetzky traten miteinander auf wie ein großer weißer Buschneger mit seinem kleinem braunen Äffchen, es fehlte eigentlich nur noch eine Drehorgel.

Um den Platz von San Marco waren schätzungsweise 3000 Soldaten aufgestellt, und am Eingang zur Kirche lag ein Kissen, und die Priester kamen mit dem Kaiser heraus und ließen ihn dort niederknien, und alle Soldaten knieten auch. Und der Oberpriester streckte seine Finger hoch, so wie Wall es in *Midsummernight* tut, und dann standen alle wieder auf und waren davon sehr erbaut. Ein brauner Hund lief durch die Entourage des Kaisers und wie Lances Hund zweimal um das Kissen herum; ich dachte schon, er würde zum Äußersten schreiten, aber er besann sich eines Besseren und wechselte auf den Platz, wo er sich die Soldaten anschaute. Dann richtete er den Schwanz auf und lief nach Hause, zwei oder drei Wachposten in einem Zustand unbeschreiblicher Empörung

46

zurücklassend. Die Soldaten defilierten vor dem Kaiser, und das Volk lief hinterher; der Kaiser und Radetzky ließen jeden so nah heran, wie er wollte. Schließlich fuhr der Kaiser den Canal Grande herunter, der mit Teppichen und Tapisserien geschmückt war und aussah wie die Straße der Altkleiderhändler. Und es gab einen großen Auftrieb von Gondeln und viel Gespritze und Gefluche. Nun sind alle wieder hochbefriedigt zu Hause und frühstücken, und ich gehe in die Kirche.

EFFIE RUSKIN AN IHREN BRUDER GEORGE

Venedig, 19. September 1851

Vielen Dank für Deinen netten, ausführlichen Brief. […] Wir fühlen uns so behaglich, und ich bin wirklich erstaunt, in wie kurzer Zeit wir alles in Ordnung gebracht haben und nun wieder unseren verschiedenen Beschäftigungen nachgehen. Ich besorge die Rechnungen, so daß John sich um nichts als um seine Arbeit zu kümmern braucht. Ich finde, daß man hier für viel weniger Geld ebenso bequem und selbst luxuriös wie in London leben kann, und in jeder Hinsicht viel besser. Ich gebe einschließlich einer Haushälterin und zwei Gondolieri, meinem Lehrer für Modellieren, der mich dreimal in der Woche unterrichtet – zur Zeit lerne ich, wie man Ohren und Zehen formt –, und dem Koch sechzehn Zwanziger[30] beziehungsweise elf Schillinge pro Tag aus; davon kocht er für Mary und George und für uns ein Gericht zum Frühstück, zwei zum Lunch und unser ganzes Dinner, das um fünf Uhr stattfindet und jeden Tag die verschiedensten Gerichte bietet. Gestern hatten wir als ersten Gang Makkaronisuppe, als zweiten Thunfisch, als dritten eine kleine Lammkeule, als vierten kaltes Kalbfleisch in Gelatine, sehr schön zubereitet, als fünften gebratene Kalbsmilch, als sechsten gebratene Lerchen und Amseln, als siebten eine Art Arme Ritter – und so haben wir es alle Tage. Der Koch geht auch zu Mr. Brown und braucht für sein Dinner eine halbe Stunde, für unseres etwa eine Stunde.

Wir stehen um sieben Uhr auf, und ich lerne Italienisch mit John bis neun. Dann haben wir Frühstück, welches Mary zubereitet und für das Beppo Früchte, Milch und Eis für die Butter besorgt. Diese Dinge kosten wenig, eine Portion Feigen zwei Pence, dazu kom-

men Trauben und Pfirsiche für den Nachtisch. Nach dem Frühstück liest John Pope oder etwas anderes vor; um zehn beten wir,
um elf modelliere ich und mache meine Übungen oder arbeite.
Nach dem Lunch gehe ich aus, und John ist den ganzen Tag
draußen bis fünf. Nach dem Dinner gehen wir um sieben auf den
Platz und sitzen dort oder gehen auf und ab, hören der Musik zu
und treffen Mr. Brown und Mr. Cheney. [...]

Über Paulizzas Tod erfährst Du aus meinem Brief an Mutter.[31]
Ich nehme an, daß seine Kopfverwundung die Ursache war. Ich
weiß nicht, wann oder wo das geschah, aber ich hoffe, er starb zu
Hause und wurde von seiner Mutter gepflegt, der er zutiefst verbunden war. Ich zweifle nicht daran, daß sein melancholisches
Temperament sein Ende beschleunigt hat, denn er war zutiefst
überzeugt davon, daß er nicht lange zu leben hätte.

JOHN RUSKIN AN PAULINE TREVELYAN

Venedig, 22. September 1851

Wir sind nun in einer Mietwohnung untergekommen, die so bequem ist, daß ich mich zum ersten Mal in meinem Leben wie in meinem eigenen Haus fühle – die Wohnung in Park Street[32] hat mir nie
zugesagt, und ich habe dort noch nicht mal meine Bücher ausge-
packt. Aber hier sind alle Besitztümer ordentlich aufgestellt, bis hin
zu meinem Schreibzeug mit einer Feder, nicht mehr, und meinem
Pinselkasten mit drei Stiften und zwei Pinseln. Ich fange an, mich
für einen vorbildlichen Menschen zu halten. Was Effie angeht, so
hege ich über ihre Eigenschaft als vorbildliche Herrin eines Haus-
haltes keine Zweifel, denn sie schimpft von morgens bis abends und
entdeckt dauernd irgendwelche Fehler. Und davon gibt es genug zu
entdecken, und ich begreife langsam, daß die Italiener wirkliche
Tiere sind, eine Mischung aus Hund und Katze (ohne die Treue des
einen und die Reinlichkeit der anderen), aber daß man ihrer Herr
wird, wenn man achtsam ist und den Stock eifrig gebraucht. Man
muß ihnen bei jeder Gelegenheit »den Stock zu fressen geben«[33],
dann werden sie recht verläßlich und einem zugetan, wenn man sie
nur oft genug ausgeschimpft hat, aber ich habe bisher noch kein
Gran *Dankbarkeit* bei ihnen finden können. Wenn man zu ihnen
freundlich ist, halten sie einen für einen Toren und führen sich ent-

sprechend auf. Einige Leute, die sie gut genug kennen, sagen mir, daß man mit Scherzen bei ihnen alles erreicht, und das glaube ich auch, aber ich kann mit ihnen nicht scherzen. So muß ich denn, so gut es geht, mit Schimpfen vorankommen, jedenfalls für den Moment. Aber ich hoffe, daß das Schimpfen nachlassen wird, wenn unsere Leute durch Gewöhnung tun, was wir wollen. Bei alledem mag Effie sie sehr gern, während ich sie oft über mich triumphieren lasse und sie deswegen von Herzen verabscheue, und doch kann auch ich sehen, daß bei allen ihren Schlechtigkeiten das Zeug zu einem sehr edlen Volk in ihnen steckt, wäre da nicht ihre unglückselige Religion.

JOHN RUSKIN AN SEINEN VATER

Venedig, 26. September 1851

Effie ist so häuslich geworden, daß wir wirklich keine Neuigkeiten für Dich haben, und was mich angeht, so kann ich nicht mehr sagen, als daß ich schreibe und rudere und mich ausruhe, und das ist mein ganzer Tag. Ich stehe um halb sieben auf, bin um sieben angezogen, esse ein wenig Brot und lese bis um neun. Dann haben wir pünktlich Frühstück, welches sehr ordentlich gedeckt wird: Ein wenig Marmelade mit silbernem, laubverziertem Löffel steht auf einer farbigen Keramikplatte, dazu ganz frische Butter in Eis, frische Trauben und Feigen, die ich niemals anrühre, Pfirsiche, ebenfalls zur Verzierung, denn ich esse sie nicht, und ein kleines warmes Gericht, das der Koch jeden Morgen zubereiten muß, eine gebratene Grasmücke oder eine andere kleine Delikatesse, und vor Effie stehen weißes Brot und Kaffee. Dann lese ich Pope oder vergnüge mich bis zehn, wenn wir beten, und Effie liest mir vor und ich zeichne bis elf, dann schreibe ich bis eins und wir haben Lunch. Dann verlasse ich das Haus und mache Skizzen oder Aufzeichnungen bis drei, dann rudere ich anderthalb Stunden lang und gehe nach Hause, wo ich mich zum Dinner umziehe, das wir um fünf einnehmen. Darauf beschäftige ich mich bis sieben, manchmal wieder auf dem Wasser. Tee ist um sieben, danach wieder Schreiben oder Zeichnen bis neun, dann gehe ich langsam ins Bett. Ich wünschte mir, der Winter würde nicht kommen, denn im Moment ist es so angenehm: kühl genug, um zu rudern, warm genug, um still zu sitzen, obwohl das Wetter insgesamt nicht gut gewesen ist, viel Gewitter und Regen.

Effie meint, daß unsere Haushaltsausgaben ungefähr 800 Francs im Monat betragen. Das ist mehr, als ich erwartet hatte, aber immer noch bedeutend weniger als das Leben im Danieli. Dort gab ich pro Tag an die 53 Francs aus, für George, Effie und mich. Mit unserem zweiten Diener wären es viereinhalb mehr gewesen. Gleichwohl leben wir hier in großem Stil und können noch ein wenig einsparen.

Meine Schlafenszeit ist gekommen, ich muß meine Augen schonen.

EFFIE RUSKIN AN IHRE MUTTER

Venedig, 28. September 1851

Dir wird es sicher sehr leid tun, von Paulizzas Tod zu erfahren. Ich habe von seiner Mutter nichts gehört, und ich weiß nicht, wie ich etwas Genaueres über seinen Tod erfahren könnte. Nie wieder werden wir jemanden von so wunderbarem Verstand, so großer Bescheidenheit und so feiner Gesinnung treffen wie ihn. John sagte gestern, daß er sich nie zuvor so sicher gewesen wäre, daß jemand in den Himmel gekommen ist, wie bei ihm, und ich habe dieselben Hoffnungen. Dieser vollkommene Mangel an Ichbezogenheit, den ich so noch nie bei einem Menschen erlebt habe, und seine tiefe Besorgnis um das Wohlbefinden und Glück der anderen ist nur auf seine absolute Selbstlosigkeit zurückzuführen. Ich habe vieles, was er gesagt und für uns getan hat, vergessen, aber seine Liebe und Güte, die unsere Freundschaft bestimmt haben, lassen mich wünschen, mehr für ihn getan zu haben, als wir Venedig verließen. […]

JOHN RUSKIN AN SEINEN VATER

Venedig, 3. Oktober 1851

Ich hatte bisher keine Zeit, Dir vom Besuch des Kaisers bei uns zu berichten. Ehrlich gesagt hat er mich ziemlich durcheinandergebracht, denn ich habe mich hier an ein so ruhiges Leben gewöhnt, daß ich am nächsten Tag sehr müde bin, wenn ich nachts bis zwei Uhr aufbleiben muß. Und dann hatten wir am nächsten Tag Roberts zum Dinner, was mich ebenfalls erschöpfte, so daß ich erst gestern wieder meinen alten Rhythmus fand. Von der Ankunft des Kaisers um zehn Uhr abends erfuhren wir erst um zehn Uhr morgens, so daß wenig Zeit zur Vorbereitung blieb. Alle Anwohner des Canal Grande wurden von der Stadtverwaltung aufgefordert, das *Innere* ihrer Häuser zu illuminieren, nur am Rialto wurde aus öffentlichen Mitteln für Beleuchtung gesorgt. Man hat dafür, das heißt für bengalische Lichter und Lampen, 300 Pfund ausgegeben, dieser Tage eine hohe Summe für Venedig, aber ich muß sagen, ich habe den Rialto niemals so schön gesehen. Es gab keine Embleme oder Schriftzeichen oder andere Kinkerlitzchen, nur die Konturen seiner *Architektur* waren in Lichterketten nachgezogen, und zwei Reihen roter Lampen begleiteten den Bogen über dem Kanal, um das Gewölbe zu erleuchten – mit entsprechenden hellen Reflexen im Wasser.

Wir verließen das Haus kurz vor zehn, ruderten unter der Brücke hindurch zu dem Abschnitt des Canal Grande, der der Bahnstation am nächsten ist: dort stehen zwei Kirchen, die Scalzi-Kirche und eine andere, palladianische, deren Namen ich vergessen habe, und dazwischen ein sehr breites Stück Kanal, und hier lagen so viele Boote nebeneinander wie nur irgend möglich, dicht an dicht gedrängt, mit nur so viel Spielraum zwischen ihnen, daß der Bootsmann das Ruder einstechen konnte. So warteten wir eine halbe Stunde. Es war ein merkwürdiger Anblick in der Dunkelheit, diese stillstehende Menge, die dennoch auf und ab bewegt wurde, der Gondoliere am Heck darüber wachend, daß die Nachbarboote ihn nicht abdrängten, und alle anderen Personen im tieferen, offenen Teil der Boote stehend und so von Ufer zu Ufer reichend. Man konnte nicht sehen, worauf diese Menge stand, nur hie und da blitzte die Flut im Fackellicht auf, und zwischen den Personen ragten die ungezählten Schnäbel der Gondeln empor, die sich mit ihren phantastisch gebogenen Hälsen wie ein Heer von Drachen ausnahmen, die schwarz glitzernden Leiber kaum wahrzunehmen – man konnte denken, daß Cadmus die falschen Zähne ausgesät und statt Menschen Drachen geerntet habe.

Neben uns lag ein Boot mit einigen Sängern, eher Bettlergestalten, aber mit dunklen Gesichtern und guten Stimmen, und in einiger Entfernung war ein Boot mit einer Kapelle – und dann kam mit einem Mal die Nachricht von der Ankunft des Kaisers, und man begann, auf den Booten bengalische Lichter abzubrennen, was die Fassaden der Paläste am ganzen Kanal hell gegen den Nachthimmel erstrahlen ließ. Und dann kam der Kaiser tatsächlich, angetan mit grauem Reisemantel und Reisemütze; man stieß ihn die Stufen hinunter in ein Boot, und sogleich begann die ganze Masse der schwebenden Gestalten und Drachenköpfe hinter ihm herzugleiten. Er hatte ausdrücklich jedermann eingeladen, mit der Gondel zu erscheinen und ihn zu begleiten, also waren keine Anstalten getroffen worden, ihn abzuschirmen, und so konnte das Motto des Abends nur heißen, so nah wie möglich an ihn heranzukommen. Das Wasser war nicht zu sehen, aber das Schlagen der Ruder erzeugte das Geräusch eines Wasserfalls. Und dort auf dem schwarzen gleitenden Feld kämpften und krümmten sich all die Gondolieri, man sah nicht, was der Zweck ihrer Anstrengungen war, aber natürlich galt es, mit aller Kraft und gewaltigem Stimmaufwand das eigene Boot in Position zu halten und die anderen zurückzudrängen. Wir konnten uns etwa zehn Minuten lang an der Seite der Sänger halten, die dem Kaiser vorausfahren sollten, aber dann wurden wir abgedrängt und befanden uns im allerdichtesten Gewühl und stießen mit einem Mal gegen den Bug des kaiserlichen Bootes und blieben stecken. Für ein, zwei Minuten war keine Bewegung möglich, Effie und ich standen, ich natürlich mit entblößtem Haupt, und ich signalisierte dem Bootsmann, wenn möglich vom kaiserlichen Boot freizukommen. Es dauerte eine halbe Minute, bis wir die Gondel an unserer Seite wegstoßen konnten und er seinen Gruß entbot, als er an uns vorbeifuhr. Wir fuhren in seinem Kielwasser weiter, wurden aber im nächsten Moment wieder an seine Seite gedrängt, bis unser erster Bootsmann sich genau auf seiner Höhe befand. Dieses Mal war neben uns keine Gondel, sondern eine Barke mit ziemlich finsteren Gestalten, und ich dachte, daß es besser wäre, sie hätten unser Boot zwischen sich und dem Kaiser, als umgekehrt, und so bedeutete ich Beppo, diese Position zu halten, was er für den Rest der Fahrt mit großem Eifer besorgte: Rudernd und mit aller Macht kämpfend und wirkungsvoll vom zweiten Bootsmann im Heck unterstützt, hielt er an der Seite des Kaisers eine halbe Stunde lang Wache. Das Schlimmste war, daß wir permanent gegen sein Boot gedrängt wurden und ihn nicht wenig stießen und bespritzten, bis eine andere Gondel ihren Schnabel zwischen unsere Boote drängte und ich erleichtert nachgab.

Wir brauchten für den ganzen Kanal eine gute Stunde, so verstopft war er auf ganzer Breite mit Gondeln. Da der Kaiser erst um elf Uhr angekommen war, dauerte es bis kurz vor eins, bis wir uns auf den Heimweg machen konnten, nach Musik auf dem Markusplatz und mehreren Auftritten des Kaisers am Fenster. Als wir gingen, stand er noch immer an seinem Fenster. Ich blieb im Bett bis acht, aber der Kaiser nahm seine Truppen um sieben Uhr morgens ab. Gegen vier Uhr nachmittags verließ er die Stadt und fuhr nach Triest weiter.

Ich hoffe, Du kannst diesen schlechtgeschriebenen Brief lesen, aber ich werde müde, und meine Hand ist vom Rudern verkrampft.

JOHN RUSKIN AN SEINEN VATER

Venedig, 5. Oktober 1851

Soweit ich sehe, hat es keinen Sinn, diese Italiener zum Protestantismus bekehren zu wollen. Sie sind ganz und gar unfähig, die Schönheiten des Wesens Christi zu begreifen. Zuerst muß man ihnen normalen Anstand, Männlichkeit und Wahrhaftigkeit beibringen. In ihrer gegenwärtigen Verfassung sind sie eine merkwürdige Kreuzung aus Fuchs und Schwein. Ich gebe Dir eine besonders frappante Illustration ihres Charakters – allerdings eine, die Du besser nicht Mutter vorliest. Die letzten vier Arkaden des Dogenpalastes neben der Seufzerbrücke sind in der Renaissance teilweise zugebaut worden und werden von den Italienern wie jene Abteilungen in unseren Bahnhöfen benutzt, die für »Gentlemen« reserviert sind. Es ist so gut wie unmöglich, sich den Kapitellen zu nähern, obwohl einige von ihnen zu den schönsten der ganzen Reihe gehören – und das geschieht an der Hauptfassade des Palastes, dort wo früher die Senatoren ihren eigenen abgegrenzten Gehsteig hatten, auf dem privilegiertesten Stück Erde in Venedig.

Seit die Österreicher zurück sind, haben sie diesen Mißbrauch zu unterbinden versucht, und ich war sehr froh, als ich sah, daß vier große Tafeln in den Bögen aufgehängt wurden, die sagten »E vietato di lordare sotto pena di multa«. Eine Woche später bemerkte ich einige Zeichen auf den Tafeln, und nähertretend fand ich, daß zwischen den Worten mit Bleistift gekritzelt stand: »Morte all' Austria.«

Dies halte ich für eine nahezu typische Äußerung der republikanischen Agitation in Italien. Sie wüten gegen Österreich, weil dieses sie nicht gegen ihre eigenen Paläste –––– läßt.

53

Ich will damit nicht sagen, daß alles, was die Österreicher tun, richtig ist. Ich glaube aber, daß die Beamten, die Gouverneure und die Kontaktpersonen im allgemeinen nicht korrupt sind und daß sie bestrebt sind, das Richtige zu tun.

JOHN RUSKIN AN SEINEN VATER

Venedig, 8. Oktober 1851

Ich schreibe Dir heute nur ein paar Zeilen, da das Wetter sehr schön und mild ist und ich es möglichst ausnutzen will. Ich habe einen sehr angenehmen und nach meiner Plackerei mit den Steinen sehr erfrischenden Zeitvertreib, indem ich die Fische studiere oder genauer die Bewohner der Lagune, deren Charakter ungewöhnlich und unbeschreiblich ist. Sie werden in der Hauptsache vom Tintenfisch vertreten, zu welchem ich wegen Tinte und Feder eine gewisse Sympathie verspüre, und vom Seepferdchen, das ich viel lieber als das Landpferd mag, besonders deshalb, weil es keine Beine hat und deswegen auch nicht in die Knie gehen kann. Schade, daß es so klein ist, denn im Wasser ist es eine Schönheit, mit seinem aufgerichteten Kopfschmuck und einer Flosse auf dem Rücken, die man an den getrockneten Exemplaren nicht sieht und die ihm wie einem Schraubendampfer zur Fortbewegung dient – sie dreht sich so schnell wie ein Insektenflügel. Es gibt auch kleine, grüne, langnasige Exemplare aus der gleichen Familie, die mir lieb sind, weil sie wie ein Quarzkristall sechs Seiten haben, aber vor allem sind wir gut Freund mit den Krabben unter unseren Fenstern, die meiner Meinung nach ein äußerst vergnügtes und dabei geschicktes Völkchen sind. Aus jeder schwierigen Position bewegen sie sich rückwärts mit einer Geschicklichkeit heraus, für die sie die Minister Ihrer Majestät beneiden könnten. Aber eine Krabbe im Wasser ist ein ganz anderes Tier. Ich habe keine Ahnung, wie schnell sie sich dort bewegen.

Das Buch kommt gut voran – und ich denke, es wird sehr interessant werden.

JOHN RUSKIN AN SEINEN VATER

Venedig, 12. Oktober 1851

Das Gekritzel am Anfang des Briefes habe ich gestern geschrieben, als ich auf das Mittagessen wartete, welches zu spät kam, was außergewöhnlich ist, denn wir verfahren hier ganz nach Zeitplan, und wenn die Uhren sich nach unserem häuslichen Leben richten würden, würden sie genauer gehen. Ganz zu schweigen von den Gezeiten, die ihr Verantwortungsbewußtsein so ganz und gar verloren haben müssen, daß sich niemand mehr nach ihnen richten mag. Ich habe niemals solche Gezeiten erlebt, ein Auf und Ab zu allen möglichen Zeiten und Höhen. Das Meer hat hier keine Ebbe und keine Flut, es springt auf und ab. Dennoch werde ich einen interessanten Abschnitt über die Gezeiten in den nächsten Band einfügen. Denn es ist sehr merkwürdig, daß der Ort, an dem Venedig gebaut wurde, der einzige ist, an dem es gebaut werden konnte. Wäre der Tidenhub nur wenig niedriger ausgefallen, sagen wir zweieinhalb Fuß statt drei, dann wäre der Abfluß des Wassers durch die Straßen nicht stark genug, um für ihre tägliche Reinigung zu sorgen, die Kanäle wären dann Kloaken, und die Bewohner wären gezwungen gewesen, sie zu überbauen, und die Stadt hätte die Pest am Hals so wie die Städte am Rande der Pontinischen Sümpfe. Würde die Flut aber um einen Fuß höher hereinkommen, also vier statt drei, dann müßte man bei Niedrigwasser zu den Gondeln über schleimige Stufen hinabsteigen. Das wäre das Ende des Bootsverkehrs.

Keine Frau, kein Kavalier in seinem Staat könnte dann in die Gondel ohne einen Plankensteg wie in Brighton oder andere Hilfsmittel gelangen, und das Ergebnis wäre eine Stadt auf höheren Fundamenten und mit normalem Kutschenverkehr wie in jeder anderen Hafenstadt. Das aber würde den Verlust des aristokratischen Elements in der Seefahrerkunst bedeutet haben; es gäbe dann Land-Adlige und See-Adlige; das ganze Staatswesen hätte sich wie in Genua oder Pisa entwickelt.

Wenn die Menschen die besondere Anpassungsfähigkeit eines Tieres an seine Umwelt entdecken, dann rufen sie aus: Was für wunderbare Vorkehrungen für die Existenz dieses kleinen Lebewesens! Wenn sie aber mehr über das Universum wüßten, dann würden sie verstehen, daß alles, was existiert, an den Platz gestellt wurde, für den es geeignet ist, und daß seine schiere Existenz beweist, daß es am richtigen Ort existiert. In diesem Sinne kann man sich Europa anschauen und sehen, wie jede Stadt ihre natürliche Lage einnimmt und blüht, wenn sie diese Lagebestimmung begreift und zu ihrem Vorteil nutzt. Allgemein gesagt: Genua entwickelt sich an einem Ort für Genua, Rotterdam an einem Ort für Rotterdam und Venedig an einem Ort für Venedig. Gleichwohl bin ich geneigt, eine besondere Vorsehung im Falle von Venedig anzunehmen. Die Gezeiten an diesem Ende der Adria sind ein Rätsel, das kein Wissenschaftler bisher erklären konnte. Die Beschaffenheit der Mündungen von Brenta und Etsch ist in der Geschichte der Geologie bisher nicht vorgekommen. Es scheint so, als wären genau im Zentrum von Europa und an der Stelle, wo sich Ost und West, Alte und Neue Welt treffen, die Vorkehrungen dafür getroffen worden, daß hier eine Stadt entstehen kann, welche die Energien der einen Welt mit dem Glanz der anderen paart. Und das Meer, das anderswo als Feind und als Sklave auftritt, das bekämpft und unterjocht werden muß oder wie in England als Lehrer und als Beschützer fungiert, das Meer wurde angehalten, sich um Venedig wie eine Amme zu kümmern und seine Stärke zu nähren, ohne seinen Frieden zu stören, seine Schiffe ebenso verläßlich zu tragen, wie es die englischen Meere tun, seine Paläste aber mit der Stille arabischen Wüstensandes zu umgeben.

Es wäre noch sehr viel mehr zu sagen, um diesen Punkt zu bekräftigen, über das Klima, die Nähe zu den Bergen und anderes, aber dies ist die Hauptsache, die mir täglich durch die Leichtigkeit oder Schwierigkeit nahegebracht wird, mit der der Schnabel meiner Gondel an meinen »Türpfosten« anlegt.

Effie Ruskin an ihre Mutter

Venedig, 20. Oktober 1851

[...] Der Earl Gifford, Lord Dufferin und Sir Francis Scott sind auch hier. Ersteren kenne ich nicht, aber die beiden anderen sind sehr angenehm und dinieren heute mit uns. Junge Engländer müssen immer ihr exzentrisches und energisches Benehmen hervorkehren, das sich ganz und gar vom Müßiggang der Italiener unterscheidet, und dabei sind diese jungen Männer nicht eitel. Nachdem sie sich den ganzen Vormittag dem Studium der schönen Künste gewidmet haben, verlangt es sie am Nachmittag nach Bewegung, und sie begeben sich hinaus auf die Kanäle und die Lagune in zwei von diesen aufgeblasenen indischen Gummibooten, die gerade groß genug sind, um darin Platz zu nehmen. Man paddelt, in der Mitte sitzend, mit einem einzigen *Doppel*-Paddel, das man wechselseitig eintaucht, eine sehr anmutige und wirksame Übung. Sie erzählten mir, daß sie weiter draußen auf der rauhen See der Adria waren und daß sie selbst mit einem Segel noch absolut sicher seien und daß sie glauben, nichts könne das Boot zerstören, eher würde ein Brecher den Ruderer erschlagen. [...]

JOHN RUSKIN AN SEINEN VATER

Venedig, 8. November 1851

Ich muß Dir dieses schäbige Stück Papier schicken, da ich zu meinem Erstaunen kein Schreibpapier mehr habe, und dies zu einem sehr ungünstigen Zeitpunkt, weil das Wasser derzeit einen halben Fuß hoch im Schreibwarenladen steht und der Zugang zum Markusplatz nur ganz leichten Booten möglich ist und zu den Läden nur auf Menschenrücken. Die Flut ist mehrere Inches höher als am Sonntag, und es hat die ganze Nacht geregnet. [...]

JOHN RUSKIN AN SEINEN VATER

Venedig, 9. November 1851

Ich vergaß, mir gestern einen neuen Vorrat an Papier zu besorgen, und muß nun auf mein Geometriepapier zurückgreifen, das Teile des Doms von Murano zeigt.

Wenn an der Theorie der Transformation der Gattungen etwas dran ist, dann müßten wir alle Schwimmfüße bekommen, wenn wir noch fünf Monate hierbleiben und sich nichts ändert. Regen von oben – den ganzen Tag über, und Wasser in unserem Hof, so daß man in die Küche nur über eine Brücke gelangt. Man beneidet die langbeinigen Vögel, die für unser Abendessen jeden Tag gebraten werden, nicht deswegen, sondern wegen ihrer langen Beine. Die

Scharen von Stelzenläufern und anderen Marschvögeln, die unseren Schnepfen, Krickenten und Pfeifenten entsprechen, sind sehr kurios und zahlreich. Einige haben große Schnäbel wie türkische Säbelschnäbler, sieben Inches lang, von sehr schöner Gestalt und mit seltsamen Vorrichtungen an den Füßen, um im Sumpf sicher zu stehen, nicht direkt Schwimmfüße, sondern eine Art von Matschschuhen. Auch von den Fischen gibt es unendlich viele Arten, aber die schönsten sind die unbestimmten Arten, wie die Seepferdchen, die weder Fisch noch Fleisch sind, und die Tintenfische. Ich denke, daß der Tintenfisch den Malern zur Lektion bestimmt ist, um sie erstens zu lehren, daß, wie Tintoretto sagte, die besten Farben Schwarz und Weiß sind oder besser Braun und Weiß, und zweitens, welch liebliche Farben mit Grau erzielt werden können: ich habe in dieser Hinsicht außer einem Opal niemals etwas so Schönes wie lebende Tintenfische gesehen. Gekocht sind sie auch sehr gut, aber ich denke unverdaulich, so wie die Hummer- und Krabben-Familie, also rühre ich sie nicht an, aber die Allgemeinheit liebt sie sehr. Wenn meine Sepiatusche ausgeht, dann versuche ich neue vom Originalhersteller zu erhalten.

JOHN RUSKIN AN SEINEN VATER

Venedig, 10. November 1851

Ich bin jeden Tag draußen gewesen, habe mein Rudern absolviert, wie auch immer das Wetter war, und habe mich bei der Rückkehr umgezogen. Letzten Dienstag oder Mittwoch war ein wilder Tag, was Wind und Regen anbelangt, und ich bin über den Lido gerudert, um das Meer zu sehen. Als ich zurückkam, sah ich Mr. Browns Boot an den Stufen zum Öffentlichen Garten liegen. Sein Boot ist zu klein für stürmisches Wetter, und er konnte nicht über den Lido setzen. Also ging er in den Gärten spazieren. Ich suchte nach ihm, und wir hatten einen angenehmen Spaziergang zusammen in Regengüssen und Nordwind. Die Venezianer haben allen Grund zu der Annahme, daß die Engländer sehr merkwürdige Leute sind. Lord Dufferin sah man, solange er hier weilte, in einem dieser Gummiboote, die bei dem Händler in Bond Street an der Tür hängen, über die Lagune paddeln. Er nahm das Boot zum Lido und ruderte auf dem Meer damit. Als er landete, kam eine österreichische Kü-

stenwache, um ihn zu überprüfen, und wollte das Boot aufschnei-
den, um zu sehen, was darin sei! Ich wundere mich, daß sie nicht
Boot und Bootsmann gleich mit auf die Wache genommen haben.

JOHN RUSKIN AN SEINEN VATER

Venedig, 16. November 1851

Ich muß aufpassen, daß ich nicht zu stark mit den Radikalen sym-
pathisiere. Effie sagt mit einigem Recht, daß ich ein großer Konser-
vativer in Frankreich wäre, wo jedermann zu den Radikalen gehört,
und ein großer Radikaler in Österreich, wo jedermann konservativ
ist. Ich denke, daß ein Grund meiner Vorliebe für Fische (für die
Kreatur, nicht für die Speise) die Tatsache ist, daß sie immer mit dem
Kopf gegen den Strom schwimmen. Auch für mich ist das die ge-
sündeste Position. So tut es mir gut, wenn ich ein wenig vom Radi-
kalismus Londoner Art erfahre, während ich hier lebe, denn ich
werde jedesmal sehr zornig, wenn ich die Geschütze auf dem Markusplatz passiere oder die Pontons ihm gegenüber oder wenn ich
zu meinem Verdruß feststelle, daß es keine einsame Insel mehr in
der Lagune gibt. Wo immer man hingeht, findet man eine Wache
und ein Pulvermagazin, wo früher kleine ruhige Gärten und die
Ruinen der Inselkirchen waren. Es gibt keinen Strand in der Nähe
oder Ferne, der nicht zu Teilen wie eine Festung aussieht, an dem
nicht abgerissen oder für militärische Zwecke ausgebaut wird. Und
es gibt kein Kloster, aus dessen Fenster nicht das Gesicht eines Kroaten herausschaut oder in dem sein geweißtes Koppel hängt. Es ist
schon sehr merkwürdig, wenn man über gotischen Eingängen liest:
Caserma, de Jesuiti. Aber besser Kroaten als Jesuiten.

EFFIE RUSKIN AN IHRE MUTTER

Venedig, 17. November 1851

Der Großfürst Konstantin[34] und seine Gattin kamen samt Gefolge
von fünfzig Russen vor zwei Tagen hier an und wohnen für die
nächsten fünf Monate im kaiserlichen Palast auf dem Markusplatz.

Man sagt, sie seien krank und kämen aus Gesundheitsgründen – tatsächlich schauen aber beide sehr gesund aus. Madame Pallavicini fragte, ob ich ihrer Ankunft beiwohnen wolle; Graf Falkenhayn[35], der zweite Mann am Platz, hatte ihr einen Raum im Palast zur Verfügung gestellt. Wir gingen und wurden von Baron Baumgarten, dem Adjutanten von Gorzkowski[36], in seinen Räumen freundlich empfangen, die auf den Garten des Gouverneurs gehen. Graf Falkenhayn brachte große Rollen von scharlachrotem [es fehlt ein Wort] und weißem Tuch, das sind die kaiserlichen Farben, welches wir aus den Fenstern hängten, um ein Zeichen zu geben. Nach kurzer Zeit kam das Dampfschiff an, von Gondeln umschwärmt, und der Herzog und seine Gattin wurden von Gorzkowski empfangen. Die Diener trugen alle sehr schöne Livreen, die Gondeln waren mit blaßblauer Seide ausgeschlagen, die blau-rot-weißen Fahnen Rußlands flatterten im Wind. Das Paar sah gut aus. Er trug Marineuniform und wirkt wie 23 – sie ebenfalls, eine hübsche Frau. Sie trug eine weiße Satinhaube mit rosa Rosenmuster innen, einen schwarzen Samtmantel, der fast bis zu den Füßen reichte und unten mit Zobel besetzt war, und ein hellblaues Kleid. Ich hoffe, ihre Anwesenheit wird Venedig guttun und ihnen werden weitere Russen folgen, die Häuser für den Winter mieten.

Der russische Konsul und seine Gattin, M. und Mdme. de Gnostoff, statteten mir einen Besuch ab. Sie werden für die Damen des Gefolges der Erzherzogin Feste geben, zu denen ich kommen kann, wann immer ich will. Sie sind mächtig eingebildet, weil der Großfürst gekommen ist, und ich sah sie vorhin mit ihren Kindern auf dem Platz paradieren. Die Kinder gaben in dieser kalten Winterszeit das groteskeste Bild ab, das Du Dir vorstellen kannst: Sie trugen grüne Satinkappen wie große schottische Mutches, engsitzende rosa Merinospenzer und kurze weiße Merinokittel mit dazu passenden Hosen. Kannst Du Dir etwas Scheußlicheres vorstellen?[…]

EFFIE RUSKIN AN IHRE MUTTER

Venedig, 30. November 1851

Meine Soiree verlief sehr angenehm, und ich habe sie sehr genossen. Die Ladies brachten ihre Arbeit mit, die Gentlemen unterhielten sich, und ich machte Tee und bot außerdem Früchte und Marmeladen an, denn einige nehmen Tee, andere eine Birne oder essen nur Trauben wie Madame Jablonowska, und sie waren alle sehr glücklich. Sie besahen sich alle unsere englischen Sachen und waren von dem praktischen Kohlenfeuer sehr angetan. Der gutaussehende Husar Graf Festitics[37] war in Vicenza und konnte nicht kommen. Dafür kam er gestern. Er reist jede Woche nach Venedig und beehrt mich mit seinem Besuch. Er wirkt groß und nobel, und seine schöne Uniform mit ihren goldenen und silbernen Posamenten und Knöpfen und mit ihren goldenen Kordeln um seinen Hals auf hellblauem Tuch steht diesem gutaussehenden Menschen sehr, wie Du Dir vorstellen kannst. Nimmt man seinen Rang als einer der Ersten unter den ungarischen Magnaten hinzu, so versteht man seine beneidenswerte Position in den Augen der Welt, welche nicht unbedingt, muß ich sagen, zur Verbesserung seines Charakters beigetragen hat. Mir will scheinen, daß er in seinem Leben sehr verwöhnt worden ist und immer bekam, was er begehrte, so daß er ein ungemein stolzer Mann, aber ohne jegliche Demut ist. Gestern, als wir darüber sprachen, wie oft andere Menschen in ihrem Handeln irren, sagte er zu mir und schaute zugleich würdevoll und feierlich drein: »Was mich angeht, so habe ich in meinem Leben niemals etwas bereut, was ich getan habe.« Nun, Du weißt, die Ungarn sind sehr stolz, und man sagt sogar, daß die ungarischen Pferde ihre Köpfe anders tragen als andere Pferde. Dieser Mann ist ein schönes Tier, aber er ist verwöhnt und wahrscheinlich noch nicht einmal glücklich, denn er ist mit 37 Jahren zu alt, um sich zu verändern oder zu verbessern. Ich mag Graf Wrbna[38] viel lieber, und er wird auch mehr respektiert als Graf Festitics. Ich denke, ich sollte ein Buch über die Österreicher schreiben, denn unter diesem Namen firmieren alle diese Nationen.

EFFIE RUSKIN AN IHRE MUTTER

Venedig, 7. Dezember 1851

Da ich nichts von Dir gehört habe, seit ich zuletzt schrieb, gibt es nichts zu beantworten; so werde ich Dir erzählen, was wir hier in der Kälte gemacht haben. Wir haben keinen Schnee, aber bitterkalten, strengen Frost, den schlimmsten überhaupt. Gestern abend kam Mr. Foster, ein Engländer in österreichischen Diensten, fröstelnd herein, und wir sagten beide, daß wir noch nie ein solches

Klima erlebt hätten. Wir waren bei Madame Pallavicini[39], wo wir viele Österreicher antrafen, die alle über die Vorfälle in Frankreich[40] sprachen, die sie ohne Ausnahme zu billigen scheinen, da sie wohl nicht anders können, als auf der Seite der Ordnung zu sein, aber sie meinen, daß es unmöglich ist, irgend etwas Genaueres über Frankreich zu sagen, und daß sie überrascht sind, daß die Truppen Louis [Napoleon] ihren Generälen vorziehen. [...] Pallavicini[41] habe ich noch nie gesehen; er kommt nie in den Salon, wenn wir alle da sind. Ich fragte sie gestern, als wir allein waren, wo er sei. Sie sagte: »Oh! er ist oben geblieben – er tut nie etwas.« Ich sagte: »Liest er niemals?« – »Niemals«, sagte sie. »Können sie ihn nicht dazu bewegen, etwas zu tun?« fragte ich. Sie sagte: »Ich habe es sieben Jahre lang mit verschiedenen Beschäftigungen versucht, aber es hat ihn nur beunruhigt, und er ist glücklich, in Ruhe gelassen zu werden und nichts tun zu müssen.« Man könnte wirklich meinen, er sei nicht ganz bei Troste, aber bei alledem vergißt er nicht, wer er ist, und er liebt das Geld. Graf Falkenhayn sagt, daß er keinen Sinn und kein Herz für irgend etwas anderes habe und daß viele Italiener ihm gleich seien. Die tiefe Verachtung, welche die Österreicher für sie empfinden, ist wunderbar und wohlverdient. Stell Dir vor, Graf Wrbna hat mir erzählt, daß er, als er während der Revolution nach Vicenza gesandt wurde, um mit den Italienern zu verhandeln, und trotz einer Sicherheitseskorte nahezu allein und unbewaffnet war, von ihnen bespuckt und ausgepfiffen und mit ihren Pistolen und Gewehren bedroht wurde. Gestern abend trug er an einem scharlachrotem Band den Orden von St. Anna um den Hals – rotes Email mit großen Diamanten und einer kleinen Figur der Hl. Anna in der Mitte –, der ihm vom russischen Zaren verliehen worden war. Wenn er mit dem Großfürsten diniert, trägt er ihn immer als Zeichen der Ehrerbietung für dessen Vater. [...]

EFFIE RUSKIN AN IHRE MUTTER

Venedig, 14. Dezember 1851

Letztens war ich abends bei der Gräfin Esterhazy[42], wo ich neben drei oder vier Herren auch Graf Festitics und Marmont[43] antraf. [...] Marmont ist jetzt Hauptmarschall von Frankreich, seit Soults Tod. Ich kann verstehen, daß er in Frankreich wegen seiner Beziehungen zu Karl X. verhaßt ist, aber hier – warum das so ist, das weiß ich nicht – mag ihn jeder, und ich finde, er ist großartig für sein Alter, und er ist sehr glücklich hier. Er hat schöne Gemächer und gibt jeden Tag wundervolle kleine Diners für ein oder zwei Gäste. Mich hat er noch nie eingeladen, da ich nicht ohne John gehen kann, der ihm aber noch nie eine Visite abgestattet hat. Ich glaube, die Herren hier sind sehr gutmütig, denn wenn sie mich besuchen, lassen sie ihre Karte für John da und äußern sich in jeder Hinsicht höflich über ihn, während er sie auf der Straße schneidet – außer ich bin dabei – und keine Besuche abstattet. Vermutlich halten sie ihn für einen guten, aber exzentrischen Menschen und stören sich nicht weiter daran. Gestern war der Namenstag der alten Gräfin Mocenigo: Santa Lucia, denn Lucia ist ihr Name, und jeder ging sie besuchen. Da ich nicht mit dem römischen Kalender vertraut bin, wußte ich es bis vier Uhr nicht, aber ich ließ meine Karte und Glückwünsche durch Beppo überbringen. [...] Neulich ging Beppo mit mir nach San Marco, und immer wenn ich mich setzte, ging er zu einem Altar, um ordentlich und fromm seine Gebete zu sprechen. Beim Dinner fragte ich ihn, was er gebetet habe, und er sagte: »Oh, einige Paternoster und Ave Maria.« John fragte, als er begann, auf Lateinisch loszulegen: »Aber was bedeuten sie?« Beppo antwortete: »Oh! Paternoster bedeutet *Padre nostra*.« »Richtig«, sagte John, »weiter, was heißt ›Qui in coeli est‹?« Er konnte es uns nicht sagen, noch von irgend einem anderen Abschnitt oder den Gebeten für die Madonna die Bedeutung angeben – niemand hat ihn das gelehrt. Am selben Tag war das Fest der mildtätigen Madonna, und Beppo versicherte mir feierlich, daß, wenn heute ein Mann oder eine Frau ins Wasser fiele, der- oder diejenige nicht ertrinken würde. Ich sagte: »Glaubst du das wirklich, Beppo?« »Oh, gewiß, Signora.« Ich sagte: »Dann spring bitte ins Wasser, ich werde für deine nassen Kleider aufkommen.« Er sagte, daß es viel zu kalt sei. Ich ging am Abend zu Madame Pallavicini, wo zwei oder drei Österreicher anwesend waren, denen ich davon erzählte. Sie lachten und sagten, daß nur die Priester an diesem Aberglauben Schuld seien. Ich sagte: »Und gerade Ihr Österreicher schützt dieses System«, und sie zuckten mit den Achseln. Die Damen arbeiteten nicht, da es ein Festtag war, während sie an Sonntagen alle nähen und ihre Häkelarbeiten verrichten. [...]

JOHN RUSKIN AN SEINEN VATER

Venedig, 20. Dezember 1851

Ich fürchte, ich bin zu spät dran, um Dir und Mama eine fröhliche Weihnacht zu wünschen, aber ich wünsche es Euch am Tage selbst: Wenn wir die Roten Republikaner und andere Störenfriede losgeworden sind, dann können wir in ganz Europa den elektrischen Telegraphen einführen und miteinander sprechen, wie es uns gefällt. Das, nebenbei gesagt, ist etwas, was ich mir von dieser Epoche des Billigen erhoffe: elektrische Kommunikation, die zu einem moderaten Preis erschwinglich ist. Sie wird niemals so billig sein wie die Penny-Post, aber wenn mehr Leitungen gelegt sind und mehr Menschen sie bedienen, die dann gleich auch durch einen elektrischen Schock alarmiert werden können, wenn sie anderen Tätigkeiten nachgehen, dann können unsere Unterhaltungen billig, wenn auch nicht umsonst stattfinden. Es wäre in der Tat ratsamer, daß man für Worte mehr bezahlt und die Steuern auf die Telegraphenleitungen aufhebt.

EFFIE RUSKIN AN IHRE MUTTER

Venedig, 28. Dezember 1851[44]

Gestern war St.-Stephans-Tag, an dem der Karneval anfängt und La Fenice eröffnet. Eigentlich hatte ich nicht vor hinzugehen, da John zwar die Musik gerne hört, es aber nicht leiden kann, wenn die Loge voll von redenden Leuten ist, also fragte ich ihn nicht, aber Graf Wrbna hielt es für jammerschade, wenn ich nicht gehen würde, und fragte mich, ob ich nicht Lust hätte. Ich sagte: »Oh ja, aber ich kann nicht allein gehen.« Er sagte: »Oh, das habe ich in fünf Minuten erledigt«, und nach kurzer Zeit sandte mir Prinzessin Jablonowska eine Nachricht, daß sie von Falkenhayn eine der kaiserlichen Logen erhalten habe, die dem Gefolge des Großfürsten zur Verfügung stehen, und ob ich sie begleiten wolle. Ich ging mit ihr. Nugent[45] und General Duodo, die wir trafen, nahmen sich unserer an, und ich war sehr froh, daß ich dank Graf Wrbna dies erleben durfte – ich habe in Italien nichts vergleichbar Brillantes gesehen, alle Plätze waren besetzt, und im Parterre stand eine riesige Menge. Meine Loge lag

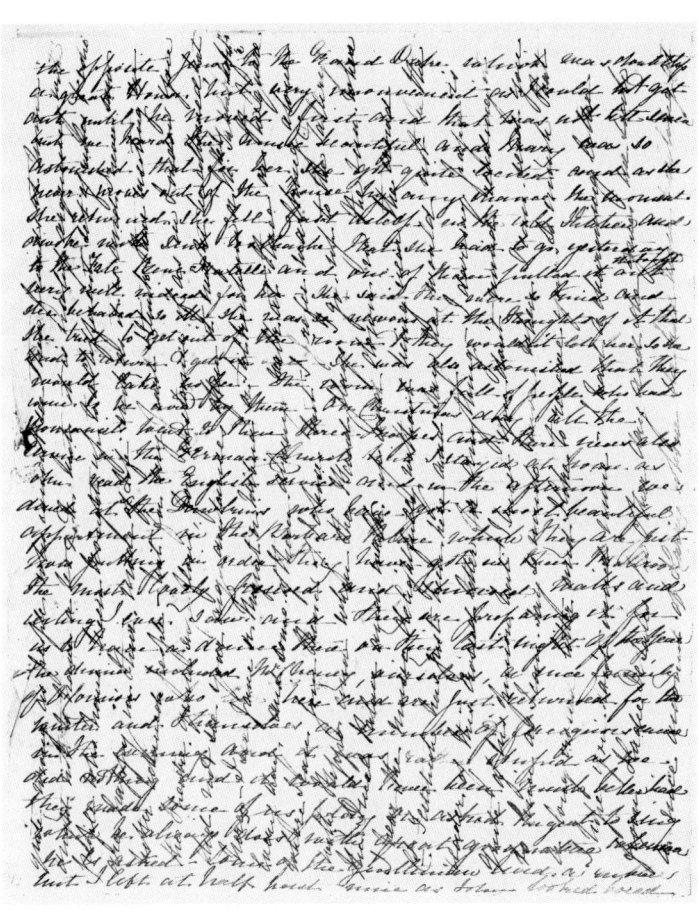

Effie Ruskin,
Brief an Sophia Gray, 28. Dezember 1851.
New York, The Pierpont Morgan Library,
MA 1338.

neben der des Gouverneurs, und in der Mitte des Hauses war die kaiserliche Loge strahlend erleuchtet. Dort saßen der Großfürst in österreichischer Uniform und die Herzogin, welche sehr schön aussah in ihrem Kleid aus rosa Glacéseide mit tiefem Mieder und kurzen Ärmeln und herrlichen Perlen, die fast ihren ganzen Hals bedeckten – die Haare trug sie in zwei großen Schnecken auf beiden Seiten. Hinter ihr saß Wrbna und auf der anderen Seite die anderen Damen und Herren des Gefolges. Die Oper war Semiramide[46], und die Musik war sehr schön. […]

Wir gingen vor dem Ende, da es so lange dauerte. Ich wünschte, sie würden im Theater nicht so viel reden, denn es ist unmöglich, auf die Oper achtzugeben. Zuerst kam Nugent und sprach Englisch, so schnell er konnte, während sich zur gleichen Zeit die Prinzessin und General Duodo auf Venezianisch unterhielten. Dann kam Falkenhayn mit seinem Deutsch und Wrbna mit seinem Französisch, so daß die Loge eine Art von Babel wurde, und da es gegen die Etikette ist, eine Dame in ihrer Loge allein zu lassen, wechseln sich die Herren mit ihren Besuchen ab, und man hat nie eine Chance, für eine Minute allein zu sein. Ich beschwerte mich darüber gestern nacht bei Madame Pallavicini, aber alle waren gegen mich und sagten, daß das Theater ein öffentlicher Raum sei und daß jedermann das Recht habe, jedermann zu besuchen. Und da man gewöhnlich jeden Abend für eine Stunde in die Oper ginge, würde man zu Hause die Beleuchtung der Räume sparen, und in der Tat wäre der Besitz einer Loge in der Oper die billigste Art und Weise, Menschen zu treffen und sich in Gesellschaft zu bewegen. Ich halte dieses System für ganz falsch, denn Leute, die ihre Freunde nicht zu Hause empfangen, sollten auch keine Loge besitzen, aber es ist nutzlos, mit ihnen zu argumentieren, da sie mit ganz anderen Regeln aufgewachsen und mit ihrer Lebensweise sehr glücklich sind, und ich sah niemals Leute sich besser benehmen, denke aber, daß ihre Theaterbesuche ganz und gar überflüssig sind. In London zum Beispiel möchte das angehen, denn dort sieht man seine Bekannten nicht so häufig, aber hier treffe ich Jane oder Nugent oder Wrbna oder Falkenhayn oder Madame Jablonowska jeden Tag, und einige von ihnen gehen jeden Tag um drei Uhr auf dem Platz spazieren, wo ich mich ihnen anschließen kann, aber ich ziehe es vor, allein mit Beppo auszugehen, und wenn die Kapelle spielt, dann steige ich auf die Galerie des Dogenpalastes und gehe in der Sonne auf und ab und kann aufs Schönste der Musik lauschen, ohne mich unter die Menge mischen zu müssen.

Graf Festitics ist gerade dagewesen und sagte, daß er um nichts in der Welt diesen kreuz- und quergeschriebenen Brief lesen wollte. [...]

JOHN RUSKIN AN SEINEN VATER

Venedig, 18. Januar 1852

Ich kann nicht mehr so arbeiten wie früher. Wenn ich auch nur ein wenig übertreibe, dann verbringe ich eine schlaflose Nacht. Drei Tage bringen nicht soviel ein wie früher ein Tag, als ich 27 war. Mit anderen Worten, die sechs Monate in Venedig waren wenig genug, um zu tun, was ich tun wollte. Rechne die ganze Zeit zusammen, die ich in Venedig verbracht habe, dann waren es alles in allem ungefähr zwölf Monate, in denen ich Zeit hatte, die Gebäude auf fünf Quadratmeilen eins nach dem anderen zu studieren, ungefähr vierzig Bände Chroniken zu lesen oder zu überfliegen, so viele detaillierte Zeichnungen anzufertigen, wie ein Künstler in der gleichen Zeit geschafft hätte, und mein Buch zu schreiben, soweit es denn fertig ist, – ich gebe auf den ersten Band nichts.[47] Dann wirst Du verstehen, daß ich keinen einzigen Tag verlieren will. Es ist nicht mehr so wie früher, als ich sagen konnte: »Ich arbeite an einem Stück drei Monate lang, und dann ruhe ich mich aus.« Wenn ich an einem Stück zwei Tage lang arbeite, breche ich zusammen. Ich gewinne an Stärke, aber nur, wenn ich jeden Tag mein Pensum an Arbeit ohne Hetze erledige und dann entsprechend ausruhe.

JOHN RUSKIN AN SEINEN VATER

Venedig, 18. Januar 1852

Das Gefühl, daß die Zeit einem wegläuft, hat auf mein Schreiben einen sehr nachteiligen Effekt. Ich bin fest davon überzeugt, daß weder Schreiben noch Zeichnen gegen die Zeit gelingen kann. Auch die Breite des Gegenstandes, den ich derzeit behandle, drückt auf mich, drückt mit einem Mal auf mein ganzes Gehirn, so daß ich meine Aufmerksamkeit auch nicht mehr einem Teil widmen kann. Sobald ich aber alles auf dem Papier habe, außer Gefahr sozusagen und vor Augen, kann ich jedes Detail wieder vornehmen und ganz nach Willen zur Vollendung bringen, aber sobald ich länger darüber nachdenke, kommen mir Gedanken über andere unvollendete Partien, die ich ungerne verlieren würde, und dann mache ich dort weiter. Ich glaube nicht, daß meine Fähigkeiten nachgelassen haben. Die einzigen Passagen im ganzen ersten Band der *Stones of Venice*, die ich so poliert herausbrachte, wie ich konnte, sind die Anfangsseite, das bißchen über das Matterhorn im fünften Kapitel und der 17. Paragraph des 21. Kapitels, und ich denke, sie halten den Vergleich mit den *Seven Lamps* aus, obwohl sie nicht von so erhabenen Gegenständen handeln. Es mag sein, daß es mir im Moment ein wenig an Geisteskraft fehlt, weil ich um meine Gesundheit bekümmert bin und es diese kleinen Ängste und Ärgernisse gibt, die meine Arbeit zwar nicht direkt behindern, aber doch ohne mein Wissen den Ton oder die Energie eines Satzes neutralisieren, genauso wie sie den Ton der Stimme dämpfen oder den Blick abstumpfen können. Aber ich bin mir sicher, daß, wenn Du das Buch als Ganzes vor Dir hast, mit den Änderungen, die ich noch zu Hause anbringen kann, Du nicht denken wirst, daß die zwölf Monate in Venedig umsonst waren.

EFFIE RUSKIN AN IHREN VATER

Venedig, 19. Januar 1852

Herzlichen Dank für Deine Bemerkungen über unsere Ausgaben[48]; das Ganze ist nichts anderes als eine weitere Regung von Mr. R[uskin]s ewiger, nicht enden wollender Verärgerung darüber, daß John mich anstatt Miss Lockhart[49] oder irgendeiner anderen Person von höherer Stellung und größerem Reichtum geheiratet hat. Wie er mich der Extravaganz beschuldigen kann, ist mir völlig unverständlich. Er hat mich niemals offen und ehrlich dessen bezichtigt, aber ich habe es in einigen von seinen Briefen an John aus der letzten Woche gesehen. Sie [die Ruskins] sind es gewesen, die John einen sehr teuren Lebensstil gelehrt haben – nimm seine Großzügigkeit hinzu, und Du siehst, wie der Verlust großer Geldmengen bei ihm geradezu erblich ist. Er hat geradezu eine Sucht, alte Bücher zu kaufen, die ihm für sein Buch über Venedig nützlich sein können, von dem ich weiß, daß es Mr. Ruskin eine Menge Geld kosten wird, da es sich überhaupt nicht verkauft und die schönen Tafeln, welche dreißig und fünfzig Pfund in der Herstellung kosten und als Zeugnisse der Architekturgeschichte unschätzbar sind, nicht verkauft werden, weil das Publikum nicht geneigt ist, zwölf Pfund für ein Werk auszugeben, das es nicht interessiert und das es sich auch anschauen kann, wenn es ausgeliehen wird. Diese Verluste ärgern und enttäuschen Mr. R., nicht so sehr wegen des Geldes, sondern weil er so stolz ist und den Gedanken nicht ertragen kann, daß der Ruhm seines Sohnes im Fallen begriffen ist, was nur eine natürliche Konsequenz wäre, denn kein Autor erfreut sich ununterbrochener Popularität, aber tatsächlich ist Johns Geist lebendiger und stärker denn je, und diese Schwierigkeiten werden vorübergehen.

Aber um zum Thema zurückzukommen: John hat in seinen Diensten einen Mann, der unentwegt für ihn Gipsabgüsse vom Palazzo Ducale abnimmt und nach England verschickt, was ihn sehr viel mehr kosten wird, als er glaubt. Ich habe ihm deswegen Vorhaltungen gemacht, aber vergeblich. Er antwortet nur: »Denk doch nur daran, wie wertvoll diese Abgüsse im Britischen Museum wären, wenn die Österreicher eines Tages San Marco in die Luft jagen.« Ich sage: »Ja, wenn wir das Geld hätten.« Er sagt: »Oh, dafür haben wir genug, und ich muß immer alles haben, was für meine Arbeit wichtig ist, selbst wenn wir in einem Dachstübchen leben.« »Gut«, sage ich, »ich werde dir nicht beipflichten, aber ich werde meinen Bildhauerlehrer aufgeben«, wozu er seine Zustimmung gab. Ich wollte auch meine Musikstunden aufgeben, was er aber entschieden zurückwies. Dies ist die einzige Ausgabe, die ich habe. Ich wollte auch, daß er die Gondel und Carlo aufgibt, dem ich vierzehn Zwanziger pro Woche dafür zahle, daß er mit John zwei Stunden am Tag unterwegs ist, aber nein, er sagt, er brauche ihn. Dann ist mein vierteljährliches Taschengeld seit einiger Zeit fällig, und ich denke nicht daran, ihn darum zu bitten.

Unsere Bekanntschaften hier kosten uns buchstäblich gar nichts – ich gebe keine Parties, und wir haben keine Ausgaben, was meine Besuche anbelangt, da ich eine Menge Kleidungsstücke aus England mitgebracht habe. Ich habe nichts gekauft und bin doch immer besser gekleidet als die anderen, da ich, dank Mama, ohne einen Schneider auskomme und meine Toilette so arrangieren kann, daß sie wie neu aussieht. Aber die Ruskins tun so merkwürdige Dinge, und sie haben keinen Sinn für Sparsamkeit. Mr. R. kaufte neulich noch einen neuen Turner, zum Preis von 170 Guineas. [...] Sind sie nicht merkwürdig, diese Leute? Schreibe mir alles, was Du denkst. John sieht niemals Deine Briefe, und ich spreche niemals über dieses Thema, wenn man mich nicht dazu zwingt. [...]

JOHN RUSKIN AN SEINEN VATER

Verona, 27. Januar 1852

Ich habe den ganzen Tag emsig gearbeitet in dieser himmlischen Stadt, und so konnte ich Dir nur den kurzen Gruß schicken, den ich gestern nacht verfaßt habe. Ich werde veranlassen, daß Dir Effie einen Bericht über den Ball des Marschalls schreibt. Das Wichtigste war, daß es Unterhaltung für *jedermann* gab: Musik für die Tänzer, Karten für die Whist-Spieler, Sofas für die Untätigen und eine Bibliothek für die Leser, mit allen möglichen wertvollen Büchern offen ausgelegt, so daß ich nicht die ganze Zeit mit dem Rücken an der Wand in einem heißen Saal stehen mußte, sondern einen ruhigen Platz und ein Buch über Naturgeschichte fand. Effie kam in einem schönen Kleid und galt bei jedermann als die *reine du bal.* Der alte Marschall führte sie durch den ganzen Raum, um sie der Marschallin vorzustellen und dann dem Erzherzog Karl Ferdinand, einem der Söhne des Erzherzogs Karl. Getanzt wurde sehr viel lebhafter als bei uns; es dauerte bis zwölf Uhr, als alle Damen nach unten zum Souper geführt wurden. In der Zwischenzeit hatte man für alle, die wollten, Tee ausgeschenkt, in einem Raum unterhalb der Bibliothek, und zwar nicht wie in London durch Konditormädchen an einer Theke, was immer so wirkt wie auf einem Bahnhof, sondern an großen vorbereiteten Tischen, an denen die Gäste Platz nahmen und sich unterhielten, und in großen Tassen, wobei der Adjutant des Marschalls, Graf Thun, den Tee zubereitete – das ist derselbe, der uns gestern am Bahnhof abholte. Aber bei dem Souper der Damen wartete der Marschall selbst als Oberkellner auf. Er ging zum Kopfende des Raumes und blieb hinter dem Stuhl der Gräfin Esterhazy stehen und achtete darauf, daß alle Damen genug hatten, und nicht nur das, er lief wiederholt in die Küche und machte Bestellungen für sie und brachte schließlich in eigener Person eine Schüssel mit Suppe auf den Tisch. Zur gleichen Zeit hielt er seine Adjutanten auf Trab, und das eine geraume Zeit lang, denn die Damen ließen es sich gutgehen und saßen eine geschlagene

Dreiviertelstunde bei ihrem Souper. Dieses geschah, wie uns besagter Graf Thun verriet, aus Höflichkeit dem Marschall gegenüber wie auch aus eigener Bequemlichkeit, denn der Marschall ist genau wie meine Mutter: Er kann es nicht ertragen, wenn die Leute das Fest verlassen, ohne daß es ihnen gefallen hat und ohne daß sie genug zu essen hatten. »Il a toujours peur«, sagt sein Adjutant, »qu'on meurt de faim.« Bei aller Aufmerksamkeit den Gästen gegenüber herrschte große Einfachheit. Das Souper sah aus wie zum Essen und nicht wie zum Anschauen bestimmt. Es gab kein einziges Schaugericht oder irgendwelchen Tafelschmuck.

Die Marschallin ist eine sehr alte Dame und ist wie die meisten alten Damen. Die Herren, die natürlich in der Mehrzahl Soldaten waren, schauten alle wie Herren aus und wie Soldaten. Was die Frauen anbelangt, so kann ich nicht viel sagen. Die Gräfin Minischalchi war da und sah sehr schön aus, aber sie und Effie waren in meinen Augen die einzigen schönen Frauen, und die Festversammlung im ganzen veranlaßte einen nicht gerade, sich vorzustellen, man befände sich in einem Palast der Capuletti.

EFFIE RUSKIN AN IHRE MUTTER

Venedig, 8. Februar 1852

Ich bin sehr froh, daß Papa meinem Brief beipflichtet; in der Tat ist es nur zu wahr, daß diese Ruskins, wie die Franzosen es auszudrücken pflegen, »des gens impossibles« sind. Ich versichere Dir, daß die Briefe, die zwischen ihnen und John wechseln, die extravagantesten Erzeugnisse sind, die Du je gesehen hast. Die Predigten, die der Vater manchmal an John schreibt, sind so pathetisch, und er gleicht einem Märtyrer, wenn er die Ungerechtigkeiten der Welt erörtert. Gestern sagte er, von Mr. Munro sprechend, über den er verärgert war, weil er ein Bild von Turner nicht billig an Mr. R. verkaufen wollte, »daß er ein Geizhals ist, und daß er, wenn er auch Exekutionen verabscheut, mit Vergnügen diesen Gentleman hängen sehen würde« – dann schicken beide, er und Mrs. R., die liebevollsten Botschaften an mich, wo sie doch immer *über* oder *gegen* mich schreiben und von der Hohlheit der weltlichen Gesellschaft sprechen und von der Extravaganz, in großen Häusern zu leben und hochgestellte Personen zu treffen, was ja alles seine Richtigkeit hätte, wenn es auf uns zutreffen würde, doch wie ich schon sagte – ich habe nichts für Kleider ausgegeben, und die Gondel ist John vorbehalten, *nicht* mir. [...]

Sie stellen es immer so dar, als wären sie die Geschädigten und müßten alles aufgeben, um uns oder eigentlich *mich* zufriedenzustellen, und dadurch haben sie so großen Einfluß auf John und seine Gefühle. Sie arrangieren und organisieren alles, und Mr. R. hat sich alle Häuser in der Umgebung angeschaut, um uns in ihrer Nähe anzusiedeln, da sie der Ansicht sind, daß Gesellschaft seinem Gemüt und seiner Gesundheit schaden würde, und als ich zu sagen wagte, daß ich eigentlich auch gefragt werden sollte, antwortete John, daß er *nie beabsichtigt habe, nach meiner Meinung zu fragen, solange sie lebten*, wenn es um irgendein Thema von Wichtigkeit ginge, da er es ihnen schuldig sei, ihren Aufforderungen uneingeschränkt zu folgen. Weder sie noch er sind der Ansicht, daß er mir in diesen Angelegenheiten über irgend etwas Rechenschaft ablegen müßte. Im Moment bereiten sie mir wenig Kummer, aber hätte ich mich erst einmal in ihrer Mitte und fern von allen anderen niedergelassen, dann, fürchte ich, wäre mein Gleichmut nicht groß genug, um eine solche Existenz zu ertragen und dabei glücklich zu sein, aber dann habe ich ja immer noch Dich und Vater und die Kinder, was ein großer Segen ist, für den ich dankbar bin. Und John ist, solange ich mich nicht einmische, mir gegenüber die Güte in Person, wenn das alles ist, was man sich wünscht.

Wie jedes Genie ist auch er sehr eigenartig, aber er ist gut und umsichtig in kleinen Dingen, und ich denke, es ist das beste für meinen Seelenfrieden, wenn ich sie alle ihre eigenen Wege gehen lasse und versuche, so glücklich wie möglich zu sein. Wenn mir das nicht immer gelingt und wenn ich manchmal ziemlich düstere Vorahnungen habe, dann vergesse ich vielleicht zu oft die vielen glücklichen Umstände, unter denen ich lebe, und besonders im jetzigen Moment. Wenn man in Venedig herumfragen würde, wer wohl die glücklichste Person sei, dann würden sie alle mich nennen. Denn jedermann mag mich und hätschelt mich; ich bin die Belle auf allen Bällen, und die Leute respektieren mich, weil ich tugendhaft bin und mich zu beschäftigen weiß. Die Frauen sind nicht eifersüchtig auf mich, denn ich begegne ihnen mit aller Höflichkeit, die mir zu Gebote steht, und die Männer beten mich an, einer wie der andere, weil ich keinen dem anderen vorziehe, und es schmeichelt ihrer Eitelkeit, daß ich über genügend Mittel und Freiheit verfüge zu tun, was ich will – ich, der Gegenstand der Bewunderung Radetzkys und der Erzherzöge, der öffentlichen Komplimente des Gouverneurs Gorzkowski, wenn es um mein Aussehen geht, mein Tragen der österreichischen Farben, mein Tanzen und meine Konversation mit jedem ohne Unterschied. Deshalb schäme ich mich sehr, wenn ich ein wenig bedrückt bin, denn ich sollte besonders jetzt dankbar dafür sein, daß ich so viel Einfluß und Kraft habe, Menschen, die nicht so begünstigt sind wie ich, ein wenig glücklicher und zufriedener mit ihrem Los zu machen. [...]

Es gab einen sehr schönen Ball am Donnerstag abend bei unserer Konsulin Mrs. Dawkins.[50] Die ganze Gesellschaft war anwesend. Madame Pallavicini war sehr fröhlich und tanzte bis zwei Uhr nachts; die Prinzessin von Hohenlohe[51] erschien zum erstenmal nach ihrer Niederkunft. Sie ist immer noch sehr schön, und sie trug ein wundervolles Collier von Diamanten und einem Saphir, das ihr neulich die Gräfin de Chambord geschickt hat, die Patentante des Kindes ist. Auch ihr Kleid war sehr hübsch, zwei Röcke aus weißer Seide, die mit verschieden großen Blumenmustern bestickt waren. Sie waren alle sehr schön gekleidet, aber sie bewunderten auch alle mein Kleid, ich trug meine grünseidene Hoftracht, Du wirst Dich bestimmt erinnern, das Kleid, welches vorne mit weißer Seide und Samtblättern besetzt ist. Mein Haar war ganz durchwirkt von großen Perlen und Spitzenbändern, und ich trug die kleinen Perlen mit dem Smaragdherzen, die ich von Dir habe. Ich werde am Mittwoch zu einem Militärball gehen, wo ich diese Toilette noch einmal tragen werde, da sie so viel Anerkennung gefunden hat.

JOHN RUSKIN AN SEINEN VATER

Venedig, 9. Februar 1852

Ich vergaß, in meinem gestrigen Brief zu erwähnen, daß meine Muskelkraft hier so groß ist wie früher. Wenn ich in den Kirchen schreibe oder zeichne, was bei meiner Arbeit über die Grabmäler gewöhnlich der Fall ist, dann fange ich üblicherweise um elf Uhr an und bin nicht selten drei bis vier Stunden auf den Beinen, weil Sitzgelegenheiten sich kaum anbieten – oft zeichne ich auf Stufen stehend und lehne mich beim Schreiben gegen die nächste Balustrade. Anschließend rudere ich, im Stehen, anderthalb Stunden und bin immer wieder überrascht, daß ich mich am Abend nicht erschöpfter fühle, was ich eigentlich nur bin, wenn die Arbeit große Aufmerksamkeit erfordert, welche Körper und Geist gleichermaßen erschöpft.

JOHN RUSKIN AN SEINEN VATER

Venedig, 18. Februar 1852

Ich bedauere es sehr, daß Du meinen antiquarischen Studien nichts abgewinnen kannst.[52] Aber ich glaube, daß Du das Buch mehr schätzen wirst, wenn es fertig ist. Auf alle Fälle wäre es töricht, die Arbeit von zwei ganzen Jahren jetzt aufzugeben, wo die Vollendung nahe ist. Ich kann nur das schreiben, was *in* mir ist und was mich interessiert. Ich kann nicht für das Publikum schreiben. Ich habe immer nur geschrieben, wenn ich die Sache für wichtig genug hielt, ganz gleich, wie das Publikum darüber dachte, und alle meine Stärken wären in dem Moment verloren, da ich versuchen würde, das Publikum durch schöne Worte zu gewinnen. Du weißt, ich habe ihnen keine Romanze versprochen, ich habe ihnen Steine versprochen. Ich *fühle* keine Romanze in Venedig. Es ist einfach ein Haufen Ruinen, den solche Menschen, wie sie Ezekiel in 21, 31[53] beschreibt, unter ihren Füßen zertreten haben. Und *das* ist die große Tatsache, die ich lehren will. Um eine Beschreibung im Stile Turners zu geben, hätte es keine zehn Tage Studium und Aufenthalt hier bedurft. Ich glaube, im Endeffekt wird man nützlich finden, was ich getan habe. Du sagst, Fergusson[54] und andere könnten die Details liefern. Das stimmt, aber sie können die Details nicht zusammensetzen, und außerdem: Sie sind nicht hier. Wenn Fergusson und Cockerell[55] in Venedig arbeiten würden, dann wäre ich nicht hier, aber der eine arbeitet in Indien, der andere in Griechenland. Niemand will hier arbeiten, nur ich.

JOHN RUSKIN AN SEINEN VATER

Venedig, 19. Februar 1852

Die österreichischen Offiziere haben gestern ihren letzten Faschingsball veranstaltet, und weil es sehr festlich und mit Maskerade zugehen sollte, dachte ich, daß Effie das sehen müßte, und begleitete sie um neun dorthin, um selbst zu sehen, was vor sich ging, und verließ sie um zehn. Obwohl sie viel früher anfangen als in London, gab es noch keine Verkleidungen, als ich wieder ging, aber was das Kommen lohnte, war die Toilette der Großfürstin Konstantine.⁵⁶ Weil die Russen in letzter Zeit so viel für die Österreicher getan haben, sind der russische Großfürst und die Großfürstin jetzt Mittelpunkt jedes Festes, und weil sowieso niemand von höherem Rang anwesend ist, machen die Österreicher, deren Gäste sie sind, sie zum Zentrum einer Art von Hof und erheben sie in eine Art Vizekaiserrang. So wird die Großfürstin, die nicht tanzt, an der Stirnseite des Raumes in eine Art Thronsessel gesetzt, und mit ihren Damen hinter ihr und dem Halbkreis der Offiziere vor ihr erscheint sie wie unsere Königin oder wie die russische Kaiserin. Sie ist nicht wirklich hübsch zu nennen, aber sie wirkt zart und anziehend, ein Gesicht zwischen Marie Antoinette und unseren Sir-Peter-Lely-Schönheiten, blaß am Tage, aber leuchtend und lieblich errötet nachts. Ihr Haar war à la Française frisiert mit kleinen, sehr eng gedrehten Locken, die seitlich hervortreten, wie la belle Gabrielle, und ihre Kleidung sehr reich und doch delikat: Spitze über rotem Brokat mit einer Reihe von sechs oder sieben Smaragden, die das Kleid vom Hals bis zur Hüfte zusammenhalten, jeder von der Größe einer halben Walnuß. Madame Pallavicini stand hinter ihr und unterhielt sich mit ihr. Obwohl alles andere als hübsch, wirkt sie außerordentlich lieblich und fein in Gesichtsschnitt und Ausdruck, ganz in Weiß gekleidet mit einer Krone aus weißen Rosen. Man hat niemals eine so höfische und schöne Gruppe gesehen wie diese beiden Frauen zusammen. In unserer Gesellschaft ist eine Herzogin gewöhnlich eine fette alte Frau, schlechter gekleidet als alle anderen und stark angemalt und mit dem Inhalt eines Juwelierladens überschüttet, bis sie aussieht wie ein Kronleuchter. Hier waren dagegen Jugend und Kultur und beträchtliche Schönheit versammelt, und obwohl Steine im Wert von mindestens 20.000 Pfund das Gewand schmückten, waren sie nicht eingesetzt, um das Auge zu beeindrucken.

Effie hat sich sehr gut amüsiert und ist um halb eins nach Hause gekommen, was ich sehr moderat fand.

Venedig, 20. Februar 1852

Ich komme jetzt ganz schön viel in Gesellschaft. Gestern habe ich Effie in die Oper geführt, weil es hieß, man sehe dort viele gute Masken. Es gab jedoch keine oder nur drei in einer Seitenloge, aber sehr sehenswert war der Markusplatz, als wir in die Oper gingen und als wir sie wieder verließen: Er war mit großen Gaskränzen beleuchtet und von Masken bevölkert. Einige von ihnen agierten sehr lebhaft, und alle machten einen gehörigen Lärm, der allerdings zusammen ein einziges großes Gemurmel ergab, das nicht schrill und unmelodisch tönte, sondern sich besänftigend zwischen den hohen Mauern verlor.

Die Oper war äußerst verdrießlich: schlechter Gesang, schlechter Tanz, die Handlung ebenso tragisch wie absurd. Es fällt schwer, Worte für den Tiefstand der Oper als Unterhaltungsform in Europa zu finden. Auf der einen Seite findet man alle möglichen Reizmittel: Musik, Leidenschaft, Schauspielerei von der gröbsten und gewalttätigsten Art, gleißende Szenerien, kurz: alles, was in höchstem Grade die Sinne reizt. Auf der anderen Seite ein Publikum, das aus reichen und müßiggehenden Personen besteht, welche sich diese Reize jede Nacht gönnen, bis sie sie nicht mehr reizvoll finden. Aber sie besuchen die Oper immer weiter, weil es die Mode verlangt, und hören nicht und schauen nicht zu, sondern benutzen ihre Logen als Wohnzimmer und empfangen dort und nicht zu Hause ihre Gesellschaften. Natürlich ist an einem solchen Ort nur die flachste Konversation möglich, aber jedermann redet und niemand hört zu. Auf diese Weise bürgert sich ein frivoler Ton ein; das Ohr nimmt keine Nuancen mehr wahr, wenn bei Orchesterklängen geredet wird. Die Schauspieler, welche durch angemessenes oder leises Spielen keine Aufmerksamkeit auf sich ziehen, versuchen es durch schwülstige Reden und finden auch dann Gehör nur für den Moment, wenn sie schreien oder Pirouettenkunststücke drehen. Mit anderen Worten: Die ganze Gattung des Dramas, der Musik, des Tanzes sinkt tiefer und tiefer, ein Übel befördert das andere, und wir wissen noch nicht, wie das Ende dieser allgemeinen Verkommenheit aussehen wird, aber es wird kommen.

Venedig, 21. Februar 1852

Ich konnte nicht anders, als mich von Deinem Brief neulich ein wenig entmutigt zu fühlen, denn im Verlauf eines so langen Projektes,
wie ich es hier durchführe, läßt natürlich der pure Enthusiasmus
nach, und es hilft dann nur entschlossenes Weitermachen, so wie
man sich über die steilen oder langweiligen Strecken eines langen
Tagesmarsches vorantreibt. Bei dieser Art von Arbeit weiß man nie
genau, was man tut, ob es gut oder schlecht ist, und es gibt Zeiten,
da fühlt man sich erschöpft und ist im Zweifel, ob man überhaupt
vorankommt, dann ist man besonders anfällig für Depressionen,
wenn man findet, daß das große Gewicht, das auf einem lastet, nicht
nur das eigene Interesse, sondern auch das der anderen vermindert
hat. Es gibt eine schöne Passage in einer von Johnsons Vorreden
oder Schlüssen, wo er diese Art von Erschlaffung über langer Arbeit beschreibt und die Art und Weise, sich da durchzukämpfen –
mit anderen Worten, ich war sehr erleichtert, als ich Deinen gestrigen Brief erhielt. Ich schrieb die Ursache des ersten der Niederge-
schlagenheit zu, die aus der Nachricht von Prouts Tod[57] resultierte,
und die Ursache des zweiten Deiner freundlichen Absicht, den Effekt des ersten zu tilgen, aber ich war nach wie vor deprimiert durch
den ersten und erleichtert durch den zweiten, und beides in einem
Maße, das Dir gefallen würde, da es doch nichts anderes als meinen
Respekt vor Deiner Meinung beweist. Doch glaube bitte nicht, daß
ich in meiner Arbeit nachlasse. Ich bin, soweit es beim jetzigen
Stand möglich ist, mit ihr zufrieden und hoffe sogar, daß sie beim
Publikum Erfolg haben wird. Ich sehe jetzt, wie ich sie konzentrie-
ren kann, und ich hoffe, daß es mir, wenn die langen Tage kommen,
gelingen wird, hier und da ein Stück Farbe anzubringen, Beschrei-
bungen, die Dir Gefallen bereiten werden. Aber ich kann nichts
versprechen. Wenn ich mir vornehme, dies oder jenes zu schreiben,
auf diese oder jene Weise, dann verkrampfe ich mich sofort und
muß aufhören. Ich habe schon einige Stellen von dieser Art zustande gebracht, aber ich möchte sie Dir nicht schicken, ehe sie
nicht an ihrem Platz stehen und ganz und gar fertig sind, jedes Wort
in ihnen; und wie ich schon in einem früheren Brief schrieb, ich
kann hier nichts mit Geduld fertigmachen.

Venedig, 22. Februar 1852

Die Kapitel über die Natur der Gotik, Teil III, Kap. 1, und über die
Wirkung zu vielen Wissens auf die Kunst der Renaissance (Teil IV,
Kap. III) werden meiner Meinung nach sehr interessant werden,
aber ich kann Dir nichts davon senden, bis sie fertig sind, und das
wird nicht hier geschehen, wo ich damit beschäftigt bin, die techni-
schen Teile zu erledigen. Ich habe große Schwierigkeiten, die Gotik
zu definieren, denn mit einem Stil ist es so wie mit einer Sprache. Es
gibt reines Latein und unreines Latein in jeder Übergangsform, bis
es schließlich Italienisch geworden ist und aufgehört hat, Latein zu
sein. Man kann sagen, daß Cicero Latein und daß Dante Italienisch
geschrieben hat. Ich kann sagen, daß Giotto gotisch gebaut hat und
Michelangelo klassisch, aber dazwischen gibt es jede Zahl von Ab-
stufungen, so daß man schwer sagen kann, hier endet das eine und
beginnt das andere. Ich werde zeigen, daß das unterscheidende
Hauptmerkmal aller Gotik vom Herz und Geist des Arbeiters her-
kommt[58], aber ihr äußerer Prüfstein ist die Anwendung des *Drei-
paß*bogens, nicht des reinen *Spitz*bogens. Gotik ist rein oder unrein,
je nach der Ernsthaftigkeit und Dominanz dieses Bogens.[59] Wenn
die Leute fragen: Können wir gotisch bauen, indem wir unsere Gebäude mit Dreipaßbögen bedecken, dann antworte ich: Nein, ge-
nausowenig wie ein Kind Lateinisch schreiben kann, wenn es die
Worte Ciceros kopiert, obwohl die Worte, die es kopiert, der reine
Stil sind. Ich habe mich nach und nach zu dieser Überzeugung
durchgerungen, seitdem ich die Anmerkung »10. p. 87« auf Seite
203 der *Seven Lamps*[60] geschrieben habe, und ich werde zeigen, daß
diese entscheidende Probe auf alles Gotische durch eine Art Vorsehung herbeigeführt wurde – sie ist erstens der Typus der Dreifal-
tigkeit in der Einheit, zweitens der Typus aller Schönheit der Vege-
tation auf Erden, die der Mensch verehren soll, auch wenn er in
Stein baut, drittens der perfekte Ausdruck des stärksten Bogens,
welches ich wohl als erster im ersten Band der *Stones* zeigen konnte
(p. 129, § IV.V.VI.VII statt VIII). Ich denke, Du hast nun einen allgemeinen Eindruck von dem Buch und wirst geneigter sein, seine Details nachsichtiger zu beurteilen.

Venedig, 22. Februar 1852

Ich absolvierte gestern eine meiner seltensten Absolutionen, eine Morgenvisite. Madame Esterhazy hatte mich wiederholt eingeladen, sie doch zu besuchen. Ich ging zusammen mit Effie – Marmont kam auch, während wir bei ihr saßen, und nahm mich auf nicht unintelligente Weise über die von mir untersuchten Hauptstile der Architektur in Venedig ins Kreuzverhör. Das Haus der Gräfin ist das schönste in diesem kleinen Maßstab, das ich kenne; es bedürfte nur einiger Bilder von Turner, um vollkommen zu sein. Es ist ein Eckhaus mit Seitenfenstern, welche auf den Canal Grande gehen, jedes Fenster, ob groß oder klein, mit überdachtem und mit Seidenvorhängen versehenem Balkon und voller Blumen, welche nicht stören, so wie manchmal die Ecke in unserem Flur übervoll ist – Mutter möge mir verzeihen –, besonders wenn ich meine Isola-Madre-Zeichnung näher betrachten will, sondern ein Topf hier, ein Topf dort, genaugenommen nicht Töpfe, sondern schwer zu beschreibende Vasen von wunderschönen Formen, aus Glas und von Blättern überfangen. Die eine, die mich am meisten beeindruckte, hatte die Gestalt eines großen Sterns oder einer Blume und war von korallenroter Farbe; sie hing von der Decke und nahm eine frischgrüne Kletterpflanze auf, welche über sie hinwegrankte, so daß sie wie Stütze und Blüte zugleich wirkte. Beim Nähertreten bemerkte ich, daß sie aus normalem glatten Ton gefertigt und rot bemalt war, aber die Wirkung war ganz exquisit. Die Privaträume sind eine genaue und äußerst geschickt zusammengestellte Mischung aus französischer Mode und englischem Komfort, der hübsche seidene, goldene und emaillierte Luxus der Pariser verbunden mit einem ruhigen und ernsten englischen Akzent. Dieser kam dadurch zustande, daß erstens alles von großer Qualität und gut möbliert war, zum Gebrauch bestimmt und nicht überfüllt, und daß zweitens in der dekorativen Malerei viele dunkle Töne vorherrschten – einer der Räume war in dunkler Bronzefarbe oder in Mahagoni ausgemalt, mit hellen Effekten in Silberweiß, eine Gesamtwirkung wie bei einem künstlerischen Gemälde: der Mann, der das gemacht hat, hätte Maler werden können – der Stil entsprach dem Ettys. Die Räume sind sehr klein, einer so lang wie unser Wohnzimmer oder ein wenig länger, aber viel schmäler, der Rest ist so wie unsere Bibliothek, so daß sie reich möbliert werden können, ohne wie ein

Polstergeschäft auszusehen, und wenn die Bilder gut gewesen wären, wäre das Ganze perfekt. Was diese anbelangt, so kann nur so viel gesagt werden, daß die Rahmen hübsch und die Porträts als Sujets interessant waren. Ein oder zwei Tische waren mit Nippes besetzt, aber dieser sehr wertvoll und nicht ohne Interesse, und in der Mitte der ganzen Pracht residierten ein Paar herrschaftlicher Hunde und ein Papagei. Ich sage nichts über den Ausblick, der über den Kanal geht, von den Zinngießern, sprich von der Ca' Foscari, bis zu den Lichtgießern, sprich zum Dogenpalast.

EFFIE RUSKIN AN IHRE MUTTER

Venedig, 24. Februar 1852

Am Montag waren wir in Verona, wo wir um drei ankamen. Wir trafen den Grafen Thun an, der auf uns wartete, und bald darauf fragte auch schon General Reischach nach uns. Ich erkundigte mich nach den Dawkins, die im selben Hotel wohnten, und Mrs. D. war so freundlich, mir ihr französisches Dienstmädchen zu schicken, wofür ich sehr dankbar war, so war ich kurz vor acht für den Ball bereit. Das Haus war genauso schön wie früher, und ich habe der Gräfin und dem Marschall, die sehr erfreut waren, mich zu sehen, meinen gebührenden Respekt ausgesprochen. Sie haben mir so viele kleine Komplimente gemacht, daß ich ganz hingerissen von ihm war. Ich hatte ein langes Gespräch mit der Gräfin Minischalchi, die außerordentlich nett war. [...] Die Damen waren schön gekleidet, aber ich habe keinen Platz, alles genau zu beschreiben. Ich hatte mein Tüllkleid an, das mit den unzähligen Farben, das Melina gemacht hat und das ich bis jetzt noch nie getragen hatte – es wurde sehr bewundert.

Thun kam, um mit mir zu tanzen. Er hatte mir ein wundervolles Bouquet geschenkt, und ich fragte: »Sie sehen so verstört aus, was ist geschehen?« »Es ist deswegen«, sagte er, »weil es Baron Diller immer noch nicht bessergeht.« (Ich hatte davon gehört, daß er vor vierzehn Tagen die Treppe heruntergefallen war und sich den Arm verletzt hatte.) »Und ich muß mich um alles kümmern.« Ich fragte: »Ist er immer noch ans Bett gefesselt?« – »Oh! nein«, sagte Thun. »Er ist auf der Musikerempore, um zu uns herabzuschauen und ein klein wenig von uns zu erhaschen.« Ich sagte: »Wenn er dazu in der

Lage ist, warum kommt er dann nicht herunter und arrangiert den Tanz, auch wenn er selbst nicht tanzen kann?« Thun brach die Unterhaltung ab, was mich nicht weiter beschäftigte. Heute morgen erhielt ich zufällig eine Erklärung dafür: Als wir nach Venedig zurückfuhren, erzählte George zuerst seinem Herrn, daß meinetwegen ein Duell in Verona stattgefunden habe und daß ein Offizier dabei getötet worden sei. Zuerst habe ich nur gelacht, weil ich diese Angelegenheit völlig absurd fand. Doch es ist eine Ehrensache bei den Österreichern, niemals über diese Dinge zu sprechen, so wußte wahrscheinlich jeder außer mir davon. Aber es kam heraus, daß Diller mit einem anderen Offizier – wer es war, das weiß ich nicht – eine Auseinandersetzung darüber hatte, wer mit mir tanzen dürfe. Sie haben dann wohl die Beherrschung verloren und gingen am nächsten Abend hinaus, und Diller wurde von einem Säbelhieb am ganzen Arm entlang verwundet und kann dem Marschall nicht wieder unter die Augen treten, ehe nicht sein Arm verheilt ist. Hast Du jemals etwas so Törichtes gehört? Ich glaube, für diese jungen Männer bedeutet ein Duell nicht mehr als das Rauchen einer Zigarre, und sie fühlen sich nicht verantwortlich für ihr Benehmen. Ich bin sehr froh, daß ich mit alldem nichts zu tun hatte und nichts getan oder gesagt habe, was dieses Betragen hätte provozieren können. Baron Diller ist neben Thun der andere Adjutant des Marschalls, und er ist so reizend und freundlich und wohlerzogen, wie ein junger Mann nur sein kann. Radetzky hat ihn vor zwei Jahren vom kaiserlichen Hof übernommen, und er ist sehr beliebt, doch die österreichische Armee fördert wohl das Duellwesen, solche Sachen kommen regelmäßig vor. Ich hoffe, daß es ihm bald wieder gutgeht, denn er gehört zu der Sorte Jungen, deren Mütter bestürzt über ein solches Verhalten wären, und ich glaube, wenn er älter wird, weiß er Verwundungen durch den Säbel zu vermeiden. [...]

Da ich dachte, daß ich am nächsten Tag müde sein würde, verließ ich den Ball vor allen anderen um zwölf Uhr, ich hatte seit acht Uhr getanzt, und vier Stunden Tanzen sind wirklich genug, zumal sie uns auch keinen Tanz aussetzen ließen, und sie waren alle so freundlich, ich wurde jedem vorgestellt, der es wünschte, und tanzte mit jedem, der mich aufforderte. Aber wenn die Österreicher einen Ball veranstalten, dauert er so lange wie möglich, und alle anderen waren dort bis um vier Uhr in der Frühe.

Venedig, 26. April 1852

Der Wind kommt jetzt wieder von Nordosten, aber gestern, als alle
Wetterhähne übereinstimmend der Meinung waren, daß er von Süden komme, war es nicht ein bißchen wärmer. Ich ging mit meinem
Portfolio unter dem Arm aus, aber ich konnte nichts tun, auf den
Straßen war ein Zug wie zwischen Haustür und Hoftür. In der Zwischenzeit und wenn die Sonne scheint, studiere ich jeden Tag Tintoretto, was mir sehr gut tut, denn ich werde wahrscheinlich so bald
nicht wieder nach Venedig zurückkommen. Vermutlich wurde der
Ostwind geschickt, um mich von meinen Profilen und Gesimsen
abzubringen und meinem großen Meister zuzuwenden, denn wäre
das Wetter besser, dann hätte ich wohl nur noch einen kurzen Blick
auf meine Lieblingsbilder werfen können, um ihnen Lebewohl sagen zu können. [...] Aber so kann ich meine Kapitel und meine
Zeichnungen alle fertigstellen und mir den Rest der Tage freihalten.
Der Wechsel von einem Sujet zum anderen für einen Tag oder zwei
ist ganz hilfreich, denn bei meiner Arbeit an den Details habe ich
nach und nach den Gesamtplan des Buches aus dem Auge verloren
und Seitenlinien verfolgt. Es für eine Zeit liegenzulassen, bedeutet
bei der Rückkehr, daß man den Gesamteffekt des Bildes erkennt,
und ich sehe jetzt, was ich auslassen und was ich nur andeuten
sollte. Tatsache ist, daß das Buch so etwas wie die »moralische Geschichte des Dogenpalastes« wird; alle Nebeninformationen werden sich um den Dogenpalast und seine Bedeutung arrangieren, so
wie Herodots Geschichte sich auf die Schlacht von Salamis konzentriert. Er durchstreift zwar die ganze Welt und gibt uns die Geschichte von Ägypten, Babylon, Persien, Skythien, Phönizien,
Griechenland, und einem unaufmerksamen Leser mag es wie ein
Mischmasch verschiedenster Materien erscheinen, aber ein sorgfäl-
tiger wird bald herausfinden, daß die ersten acht Bücher nur als
Vorwort zum neunten fungieren und daß alle Erzählungen und Er-
kundungen nur dazu dienen, uns zu zeigen, welchen Schlages die
Männer waren, die ihre Schiffe in der Meerenge von Salamis inein-
anderfahren ließen. Und so gebe ich viele verstreute Beschreibun-
gen von Profilen hier und Bögen dort, aber sie alle sind nur Anmerkungen zu dem Bericht über den Aufstieg und Fall des
Dogenpalastes, und dieser Bericht ist nur dazu da, die Gründe und
Konsequenzen für den Aufstieg und Fall der Künste in Europa zu

John Ruskin,
Fassadenstudien zum Palazzo da Mosto, 1852.
Bleistift, Tinte und Lavur.
Birmingham Museum and Art Gallery.

erläutern. Ich habe nun die harte, trockene Arbeit hinter mir, und ich sehe, wie ich mit meinem Überbau vorankomme – das ist ein nobles Thema.

JOHN RUSKIN AN SEINEN VATER

Venedig, 2. Mai 1852

Es gibt keine Passage der profanen Dichtung, die ich mir öfter vorsage, als Youngs Zeilen:

> Ist der Geist, der für Unsterblichkeit geschaffen,
> Aufgebracht und alarmiert, uneins mit sich,
> Ob ihn die Szene schreckt oder entzückt,
> Gleicht er dem Meer, das wilder Sturm empört,
> Die Feder fortzuwehen, die Fliege zu ertränken.[61]

Und doch finde ich es völlig unmöglich, mich vor großer Erregung zu bewahren, wenn ich mit einer Zeichnung gut vorankomme, und vor großem Ungemach, wenn mein Bleistift nicht genau das tut, was ich will. Er schwärzt dann meinen Sinn für den ganzen Tag.

Ich glaube, dies ist eine Art Prüfung, der ich mehr ausgesetzt bin als andere Menschen und die damit zu tun hat, daß das Vergnügen an meiner Arbeit ganz davon abhängt, ob ich *mich selbst* zufriedenstelle. Wenn ein Mann für andere zeichnet oder arbeitet, hat er immer noch die Hoffnung, daß die anderen zufrieden sind, auch wenn er es nicht ist. Oder er arbeitet ohne viel Hoffnung, irgend jemandem zu gefallen, aber für eine bestimmte Summe sehr konkreten Geldes. Zweifellos kommt aus beständiger, stiller und profitabler Arbeit ein großes Maß an Zufriedenheit. Ich wundere mich nicht, wenn manch guter Mann darin versinkt. Aber was mich betrifft, der ich aus Liebe zu den Sachen arbeite, ich fühle mich, wenn es nicht gehen will, wie ein Liebhaber, der seine Geliebte verloren hat – und ein gutes Stück Arbeit obendrein. Ja, und unter solchen Umständen ist es natürlich sehr schwer, den Gleichmut zu bewahren. Ich bilde mir aber auch ein, daß ich ein intensiveres Vergnügen als andere empfinde, wenn ich erreicht habe, was ich will – und starkes Licht bedeutet immer starken Schatten. Eine Farbe, die sehr brillant wirkt, kann keine große Fläche bedecken. Es ist schwierig,

die richtige Geistesverfassung zu bewahren. Im einen Moment habe
ich mich ganz und gar Gottes Willen in allen Dingen anheimgege-
ben; im nächsten bin ich in großer Aufregung, weil ich einen Pfeiler nicht purpurn genug gemalt habe.

JOHN RUSKIN · THE STONES OF VENICE · BAND 2:
DIE ANNÄHERUNG AN SAN MARCO

Wir befinden uns in einer gepflasterten Gasse, an der breitesten
Stelle etwa sieben Fuß breit, voller Leute, und widerhallend von
dem Geschrei hausierender Händler, das als Gekreisch beginnt und
mit ehernen Lauten verklingt, doppelt stark durch das Einge-
schlossensein zwischen den hohen Häusern, durch die wir unseren
Weg bahnen müssen. Über uns ein unentwirrbares Chaos von
bröckligen Fensterläden, eisernen Balkons und Kaminrohren, Bo-
genfenstern mit vorstehenden Fensterborden aus istrischem Stein,
und hier und da ein paar grüne Blätter, wo ein Feigenbaum einen
Zweig über die niedrige Wand eines inneren Hofes hervorstreckt
und das Auge nach dem schmalen Streifchen blauen Himmels em-
porlenkt. Auf jeder Seite eine Reihe Läden, so eng wie möglich an-
einandergedrängt und den Raum zwischen den viereckigen, etwa
acht Fuß hohen Steinsäulen einnehmend, die die ersten Stockwerke
tragen; Zwischenräume, von denen der eine schmal ist und als Tür
dient; der andere ist in den anständigeren Läden bis zur Höhe des
Ladentisches mit Holz verkleidet und darüber mit Glasscheiben
versehen, während er bei den ärmeren Händlern bis zum Boden offen ist und die Waren auf Bänken und Tischen in freier Luft auslie-
gen. Das Licht dringt bei allen diesen Häusern nur von vorn herein
und verblaßt wenige Fußbreit von der Schwelle ab zu einem Dunkel, das das Auge von außen nicht zu durchdringen vermag; es wird
aber gewöhnlich von den Strahlen eines matten Lämpchens erhellt,
das im Hintergrund des Ladens vor einem Bilde der heiligen Jungfrau aufgehängt ist. Der weniger fromme Ladenbesitzer läßt die
Lampe öfter unangezündet und begnügt sich mit einem Pfennig-
bildchen; der frömmere hat einen farbigen Holzschnitt in einem
kleinen Schrein mit vergoldetem oder gemustertem Rand, ein paar
verblaßte Blumen zu beiden Seiten, und seine Lampe brennt strahlend hell. Hier bei dem Obsthändler, wo die dunkelgrünen Wasser-
melonen wie Kanonenkugeln auf dem Ladentisch aufgehäuft lie-

gen, hat die Madonna einen Schrein von frischen Lorbeerblättern; aber der Zinngießer nebenan hat seine Lampe ausgehen lassen, und es ist in seinem Laden nichts zu sehen als der matte Schimmer der plattierten Muster auf den von der dunklen Decke herabhängenden Kupferpfannen. Ihm zunächst kommt eine »Vendita Frittole e Liquori«, wo die Jungfrau in sehr bescheidener Art neben einer Talgkerze auf einem hinteren Fach thront, über gewissen unbestimmbaren ambrosischen Leckerbissen. Wenige Schritte weiter, im regelrechten Weinladen der Calle, wo uns »Vino Nostrano zu 28–32 Soldi« angeboten wird, thront die Madonna in großer Pracht über zehn oder zwölf großen roten Fässern mit dreijährigem Wein, flankiert von beträchtlichen Reihen von Maraschinoflaschen und zwei roten Lampen; und wenn abends die Gondolieri kommen und das tagsüber verdiente Geld unter ihrem Schutz und Schirm vertrinken, dann brennt ein ganzer Armleuchter vor ihr.

Ein paar Schritte weiter kommen wir am Wirtshaus zum Schwarzen Adler vorüber, und bei einem flüchtigen Blick durch die viereckige Marmortür sehen wir den Schatten seiner Weinlaube auf einem antiken Brunnen ruhen, mit einem ausgehauenen spitzen Schild an der Seite; dann kommen wir bei der Brücke und dem Campo San Moisè heraus, von wo aus bis zum Eingang nach dem Markusplatz, Bocca di Piazza genannt (Mündung des Platzes), der venezianische Charakter beinahe zerstört ist, erstens durch die grauenhafte Fassade von San Moisè, die wir ein andermal mit Ruhe prüfen wollen, und dann durch die modernisierten Läden in der Nähe der Piazza und die Vermischung der niederen venezianischen Bevölkerung mit umherlungernden Engländern und Österreichern. Wir flüchten an ihnen vorbei in den Schatten der Pfeiler am Ende der Bocca di Piazza, und dann vergessen wir alles; denn zwischen jenen Pfeilern tut sich ein helles Licht auf, und mitten darin scheint sich bei unserem langsamen Näherkommen der ungeheure Turm von S. Marco aus der ebenen Fläche von schachtbrettartigen Steinen zu erheben; und auf beiden Seiten ziehen sich die endlosen Bogen symmetrisch hin, als ob die höckerigen und unregelmäßigen Häuser, die sich in der dunklen Gasse über uns zusammenpreßten, in plötzlichen Gehorsam und anmutige Ordnung zurückgedrängt wären und alle ihre rohen Fensterrahmen und baufälligen Mauern sich in Bogen mit schöner Bildhauerarbeit und kannelierte Säulen von zartem Stein verwandelt hätten.

Sie müssen wohl zurücktreten, denn hinter jenen Truppen geordneter Bogen steigt es wie eine Vision aus dem Erdboden, und

der ganze große Platz scheint sich davor in einer Art von Ehrfurcht
geöffnet zu haben, damit man es weithin erschauen kann; eine Fülle
von Säulen und weißen Kuppeln, zu einer langen niedrigen Pyra-
mide farbigen Lichtes zusammengeballt; ein aufgehäufter Schatz,
teils von Gold, teils von Opal und Perlmutter, unten in fünf große
gewölbte Portale ausgehöhlt, mit herrlichem Mosaik getäfelt und
mit alabasternem Bildwerk verziert, so klar wie Bernstein und zart
wie Elfenbein, phantastisches und verschlungenes Bildwerk von
Palmblättern und Lilien, Trauben und Granatäpfeln und Vögeln,
die in den Zweigen sitzen und flattern, alles zu einem endlosen
Netzwerk von Knospen und Federn verschlungen; und mitten darin die feierlichen Gestalten von Engeln, szeptertragend und mit
langen Gewändern; so lehnen sie sich aneinander über den Pforten,
ihre Figuren undeutlich erkennbar auf dem goldenen Grunde, der
durch das Laubwerk schimmert, unterbrochen und matt, wie das
Morgenlicht, das zwischen Edens Zweigen verblaßte, in jener fernen Zeit, als seine Tore zuerst von Engeln behütet wurden. Rund
um die Mauern der Portale sind Pfeiler von bunten Steinen ange-
bracht, aus Jaspis und Porphyr und dunkelgrünem Serpentin, mit
Schneeflocken gefleckt und Marmorarten, die es, der Kleopatra
gleich, dem Sonnenschein halb versagen, halb gestatten, »ihre
blauesten Adern zu küssen« – der Schatten enthüllt beim allmäh-
lichen Zurückweichen eine Reihenfolge blauer Wellenlinien, wie die
zurückweichende Flut beim Verlassen des sandigen Strandes; die
Kapitelle mit dem reich verflochtenen Maßwerk, den eingewurzel-
ten Grasbüscheln und aufschießenden Akanthus und Weinblättern
und mystischen Zeichen, die alle im Kreuz beginnen und endigen;
und darüber, in den ausgedehnten Archivolten, eine ununterbrochene Kette von Ausdruck und Leben – Engel und die Zeichen des
Himmels und die Arbeiten der Menschen, jede zu ihrer gegebenen
Jahreszeit auf Erden; und über diesen eine neue Reihe glitzernder
Spitztürme, untermischt mit weißen, von scharlachfarbenen Blumen eingefaßten Bogen, ein wonnevolles Durcheinander, aus dem
man die Brustblätter der griechischen Rosse in ihrer vollen goldi-
gen Kraft hervorleuchten sieht und den Löwen von S. Marco, auf
einem blauen mit Sternen besäten Felde, bis zuletzt, wie in Ekstase,
die Kronen der Bogen in marmornem Schaum sich brechen und
weit hinein in den blauen Himmel Ringel und Sprühregen marmornen Gischtes schleudern, als ob die Brandung am Lidostrande
zu Eis erstarrt wäre, ehe sie niedersank, und die Meeresnymphen sie
mit Korallen und Amethysten geschmückt hätten.

Welch ein Abstand zwischen der finsteren englischen Kathedrale und dieser hier! Ein Sinnbild davon liegt schon in den Vögeln, die sie umflattern; denn statt der ruhelosen Scharen mit den heiseren Stimmen und den düsteren Schwingen, die hoch oben in der bleichen Luft dahinziehen, sind die Portale von S. Marco von Tauben bedeckt, die in dem marmornen Laubwerk nisten und das sanfte Schillern ihres lebendigen Gefieders, das bei jeder Bewegung wechselt, mit den kaum minder lieblichen Farbentönen vermischen, die seit siebenhundert Jahren unverändert bestanden haben.

Und welchen Eindruck macht diese Pracht auf die Vorübergehenden drunten? Man kann von Sonnenaufgang bis Sonnenuntergang vor dem Portal von S. Marco auf- und abwandern und wird nie ein Auge erblicken, das zu ihm aufschaut, oder ein Antlitz, das sich an ihm erfreut. Priester und Laien, Soldaten und Bürger, Reiche und Arme gehen mit gleicher Achtlosigkeit daran vorüber. Bis unter die Nischen der Portale rücken die gewöhnlichsten Handelsleute der Stadt ihre Ladentische; ja, die Fundamente der Pfeiler selbst dienen als Sitze – nicht als »Stühle der Taubenkrämer« zum Opfern, sondern für die Verkäufer von Spielsachen und Karikaturen. Rund um den ganzen Platz, der Kirche gegenüber, zieht sich eine Reihe von Cafés hin, in denen die venezianischen Müßiggänger aus den mittleren Klassen herumlungern und nichtssagende Journale lesen; mitten auf dem Platze spielen die österreichischen Musikkapellen während der Abendstunden, und ihre Militärmusik bildet einen schroffen Gegensatz zu den Tönen der Orgel, der Marsch übertönt das Miserere, und die mürrische Menge drängt sich um sie herum, eine Menge, die, wenn es nach ihrem Willen ginge, jeden Soldaten, der mitbläst, erdolchen würde. Und in den Nischen der Portale liegen Männer aus den untersten Schichten der Bevölkerung, unbeschäftigt und teilnahmslos, den ganzen Tag lang und wärmen sich im Sonnenschein wie die Eidechsen; und verwahrloste Kinder, aus deren jungen Augen Verzweiflung und Verderbtheit spricht und deren Kehlen heiser vom Fluchen sind, spielen und streiten und knurren und schlafen, stundenlang mit ihren verbogenen Centesimi auf den Marmorleisten der Kirchenpforte klappernd. Und die Bilder von Christus und seinen Engeln blicken unausgesetzt auf sie herab.

JOHN RUSKIN AN SEINEN VATER

Verona, 2. Juni 1852

Ich überzeuge mich nach und nach davon, daß die wahre Eigenschaft der Genies, der kleinen wie der großen, ihre Fähigkeit ist, daß sie mehr ihrem Instinkt und weniger ihrer Vernunft folgen als andere Menschen, daß das wahre Genie so kämpft, wie Falstaff flüchtet, nämlich aus Instinkt. Miss Edgeworth[62] mag das Wort »Genius« mißbrauchen, aber es gibt ihn, und er besteht hauptsächlich darin, daß ein Mann Dinge notwendig tun muß, ich meine jetzt: intellektuelle Dinge. Ich selbst halte mich nicht für ein großes Genie, aber ich glaube, daß ich einen Genius habe. Was sehr verschieden ist von Schläue, denn ich bin nicht *schlau* in dem Sinne, in dem Millionen andere Menschen schlau sind: Rechtsanwälte, Ärzte und andere. Aber da ist dieser starke Instinkt in mir, den ich nicht analysieren kann, der mich antreibt, die Dinge, die ich liebe, zu zeichnen und zu beschreiben, nicht aus Gründen der Reputation oder zum Besten anderer, noch zu meinem eigenen Vorteil, sondern aus einem Instinkt heraus, der wie Essen oder Trinken ist. Ich würde gerne San Marco im Ganzen und dieses Verona hier Stein für Stein, Strich für Strich in meinen Geist verschlingen. Ich finde es jedesmal liebenswerter als vorher und bin jedesmal unzufrieden mit dem, was ich vorher hier getan habe. Aber ich denke, Dir wird die Zeichnung gefallen, die zu vollenden ich hierher gekommen bin.

JOHN RUSKIN AN SAMUEL ROGERS[63]

Venedig, 23. Juni 1852

Ich war krank am Körper und am Herzen, als ich hier ankam. Dann erreichten mich sehr schmerzliche Nachrichten von zu Hause[64], dann kam eine lange Strecke schlechten Wetters zusammen mit vielen anderen Unannehmlichkeiten, so daß ich mich nicht aufgelegt fühlte, Briefe zu schreiben. Das Schlimmste aber war, daß ich alles *Gefühl* für Venedig verloren hatte – und das war der Grund, warum ich besonders Ihnen nicht schreiben konnte, aber so oft an Sie denken mußte. Denn immer wenn ich gleichgültig wurde und mich verhärtete, dann las ich ein Stück aus dem Abschnitt *Venedig* in

Ihrem *Italy,* und das brachte mich stets wieder auf die richtigen Gedanken, so daß ich Ihnen gar nicht dankbar genug sein kann. Denn wenn ich auch glaube, daß im Sommer, wenn Venedig in der Tat sehr liebreizend ist, wenn Granatblüten über jede Gartenmauer hängen und grünes Sonnenlicht durch jede Welle schießt, die tägliche Gewöhnung den ersten Eindruck nicht zerstören kann, so verhält es sich doch anders mit den langen und bitteren venezianischen Wintern. Gegen die eisigen Winde an jeder Kurve der Kanäle kämpfen zu müssen, raubt einem das alte Gefühl von Frieden und Stille. Die Dauerkälte macht, daß man das Schlagen der Wellen gegen die Mauern als ein schlicht unangenehmes Geräusch empfindet, und dann kommt ein dunkler Tag im Februar, wo man die Vor- und Nachteile von Land- und Wassertransport abzuwägen beginnt, wo man den Canal Grande mit Piccadilly vergleicht und zögert, ob man für den Rest seines Lebens eine Gondel statt einer Pferdedroschke in Rufweite haben will. Wenn ich mich in diese Stimmung hinein gearbeitet hatte, dann habe ich *immer* zu diesen Ihren Zeilen Zuflucht genommen:

> Das Meer steht in den breiten, in den engen Straßen,
> Es steigt und fließt etc.

und sie haben mir gute Dienste an vielen Tagen getan, aber schließlich kam eine Zeit, da war das Meer *nicht* mehr in den engen Straßen und floß nur noch ab und stieg nicht mehr. Und eines Tages, als nur noch anderthalb Fuß schlammiges Wasser unter der Seufzerbrücke standen und ich auf dem Canal Grande beim Rückweg auf Grund lief, da mußte ich die Kanäle aufgeben. Seitdem habe ich das Gefühl für sie verloren.

Aber die Piazza von San Marco und San Marco selbst haben für mich ihren Wert behalten, und das will eine Menge heißen, denn beide werden durch verwirrende und schmerzliche Assoziationen entstellt. Das trifft besonders für den großen Platz zu, auf dem matte Gestalten herumlungern und von einem herabgekommenen Völkchen unterhalten werden, den fernen Verwandten der Jongleure und Gaukler von ehedem, die nun vor allem aus verhinderten Violinspielern und anderen Musikanten bestehen, die beim Orchester nicht untergekommen sind, und aus zerlumpten Kindern, die Rad schlagen und die Eisesser um zerbrochene Kekse anbetteln – die Krumen von des reichen Mannes Tafel –, und aus Schaustellern, welche kein Puppentheater zeigen, denn Venedig ist zu faul, um Punch genießen zu könnnen, sondern dramatische Schauspiele, welche aus Figuren bestehen, die man in Papier durchgestochen hat und um eine Kerze herum bewegt. Inmitten dieser Vergnügungen vertreiben sich die Venezianer ihre Sommerabende und werden durch die österreichischen Kapellen ein wenig aufgemuntert, welche so gut wie jeden Abend Musik nach ihrem Geschmack spielen, das heißt Verdi und Walzer. Wenn Dante diese Menschen gesehen hätte, dann hätte er dem *Inferno* eine weitere Szene hinzugefügt: eine Szene in Venedig mit dem Turm von San Marco in der Mitte, bestehend aus glühend heißen Stockwerken, zu welchen die indolenten Venezianer mit großer Geschwindigkeit hinaufgetrieben werden, um dann über die Brüstung in eine Lagune aus heißem Café noir gestürzt zu werden. Diese Indolenz der oberen Klassen wirkt genauso unangenehm wie die Aufregung der unteren Klassen an den Tagen, an denen die Lotterie gezogen wird, Tage, die viel zu oft kommen und der Finanz- und Erziehungspolitik der Regierung ein sehr schlechtes Zeugnis ausstellen. In meinen Augen sind die Lotterien der einzige unverzeihliche Mißgriff der österreichischen Regierung. Diese verdient die Zerrüttung ihrer Finanzen, wenn sie solche Mittel der Besteuerung zuläßt. Kein Anblick erzeugt bei mir mehr Melancholie als der Auftrieb der fiebrigen und zugleich apathischen Armen, welche sich in den Vorhallen von San Marco und um seine Pfeiler herum versammeln, nicht um einer Messe beizuwohnen, sondern um auf die Verkündung der Lotteriegewinne von der Loggia des Sansovino zu warten!

Wahrscheinlich wäre es Ihnen lieber gewesen, Sie hätten von mir aus Venedig gar nichts gehört, als diese Nachrichten zu empfangen, aber darüber hinaus ist eben nur wenig zu berichten, und ich fürchte, daß für die Stadt nur noch eine einzige Zeit der Schönheit und Ehre übrigbleibt. Vielleicht wird auch diese ihr verweigert, und sie wird durch die Zerstörung alter Gebäude und die Errichtung neuer nach und nach in eine moderne Stadt verwandelt werden – in eine schlechte Imitation von Paris. Aber wenn das nicht geschieht und wenn die gegenwärtige Indolenz und ruinöse Liederlichkeit seiner Bewohner andauert, dann wird eine Zeit kommen, wo die modernen Bauten verlassen und zerstört dastehen, und die Piazza von San Marco wird wieder sein, was sie einmal war, eine grüne Wiese, und die Fassade des Dogenpalastes und die Marmorsäulen von San Marco werden zwischen wilden Veilchen stehen und von Wein umrankt sein. Venedig wird wieder schön sein, und ich wünsche beinahe, diese Zeit möge schnell kommen, wenn dies nicht die Zerstörung so vieler edler Gemälde bedeutete.

Ich liebe die venezianischen Bilder mehr und mehr und bestaune sie jeden Tag aufs neue. Verglichen mit all den anderen Gemälden sind sie so leicht, so lehrreich, so natürlich. Alles, was die Maler der anderen Schulen der Regel entsprechend taten und Komposition nannten, das wird hier instinktiv getan und Wahrheit genannt.

Ich weiß nicht, wann ich jemanden mehr beneidet habe als neulich die Direktoren und Angestellten der Zecca. Da sitzen sie an ihren tintenfleckigen Bohlentischen, zählen Rollengeld aus und wiegen die irreguläre und bestoßene Währung, derer sich Venedig rühmt. Und genau über ihren Köpfen, dort wo in einem Londoner Kontor ein Geschäftskalender hängen würde, da hängt ein Bonifazio[65] – *Salomon und die Königin von Saba*, und an einer weniger prominenten Stelle hängen drei *frühere* Direktoren der Zecca, sehr geschäftstüchtig aussehende Männer, die Geld zählen wie ihre lebenden Pendants, nur ein wenig *lebendiger* und gemalt von Tintoretto.[66] Ich schweige von den Palma Vecchios, die über den Raum verstreut sind, und von dem reizenden Benedetto Diana, den niemand anschaut. Ich frage mich, wann die Europäer wieder begreifen lernen, daß ein edles Gemälde nicht dazu da ist, *aufgehängt*, sondern *betrachtet* zu werden. Ich sah diese Bilder nur durch Zufall, weil mich eine freundliche Person in Venedig dadurch aufgehalten hat, daß sie uns einiges gestohlen hat[67] und mich so in Kontakt mit den Leuten brachte, die am falschen Ende der Seufzerbrücke wohnen – den Polizeibeamten, die ich gut und gerne und ungeachtet ihres schrecklichen Rufes für ihre Vorgänger eingetauscht hätte, die Sie mit einer Anmerkung in *Italy* beehrt haben. Im Vergleich mit den Ihrigen handeln die Polizisten von heute nach genau entgegengesetzten Prinzipien: In Ihrem Fall fanden sie die Börse und verwiesen den Verlierer außer Landes; in meinem Fall finden sie die Juwelen *nicht* und lassen mich nicht gehen. Ich fürchte, es ist im venezianischen Gesetz keine Strafe vorgesehen für Leute, die *Zeit* stehlen.

Ich hoffe jedoch, daß ich Venedig am nächsten Montag verlassen kann, und außer Rasttagen werde ich keine Pausen auf meinem Weg nach Hause einlegen. [...]

Airolo, 4. Juli 1852

John war so glücklich, wieder in seinen Alpen zu sein, und es war
wirklich eine Freude, ihn so vergnügt zu sehen – aber dann fing er
an, Vergleiche zwischen dem, was er das Laster und Elend von Venedig nannte, und der Freiheit der Berge zu ziehen, und fragte mich,
ob ich nicht auch der Ansicht wäre, daß dies hier die richtigere Art
zu leben sei. Ich sagte, daß es vermutlich so wäre, und für ihn ist es
zweifelsohne besser, aber um Ihnen die Wahrheit zu sagen, der
Schnee läßt mich schaudern, und ich empfinde den Unterschied zu
Venedig als sehr kraß. [...]

JOHN RUSKIN · THE STONES OF VENICE · BAND 2:
DER ANFANG · DIE ZWEITE ANNÄHERUNG AN VENEDIG

In jenen alten Reisetagen, die nie mehr wiederkehren, bei denen die
Entfernung nicht ohne Mühe überwunden werden konnte, diese
Mühe aber auch belohnt wurde, teils durch den behaglichen
Überblick über die Länder, durch die die Reise ging, und teils durch
die Wonne der Abendstunden, wenn der Reisende vom Gipfel des
letzten überstiegenen Hügels aus das stille Dorf erblickte, in dem
er ausruhen sollte, mit den zwischen den Wiesen des Talbaches ver-
streuten Häuschen; oder wenn er von der lang ersehnten Biegung
der staubigen Chaussee aus zum ersten Male die Türme einer
berühmten Stadt im Strahl der untergehenden Sonne schimmern
sah – Stunden friedlicher und tiefsinniger Freude, für die die stür-
mische Ankunft auf der Bahnstation vielleicht nicht immer, oder
für alle Leute, ein Äquivalent ist, – ich meine, in jenen Tagen, als
man noch etwas mehr erwartete und im Gedächtnis behielt von jedem aufeinanderfolgenden Rastorte als eine neue Einrichtung von
Glasdach und Eisenträgern, da gab es wenige Augenblicke, deren
Erinnerung dem Reisenden teurer blieb, als den, welcher ihm, wie
ich am Schluß des letzten Kapitels zu beschreiben versuchte, Venedig in Sicht brachte, als seine Gondel vom Kanal von Mestre aus in
die offene Lagune schoß. Allerdings war der Anblick der Stadt
selbst gewöhnlich die Quelle einer leichten Enttäuschung, denn
von dieser Richtung aus betrachtet, sind ihre Gebäude viel weniger

charakteristisch als die anderer großer italienischer Städte; aber diese Minderwertigkeit wurde teils durch die Entfernung verhüllt und mehr als aufgewogen durch das merkwürdige Aufsteigen ihrer Mauern und Türme, scheinbar aus der Mitte der tiefen See; denn unmöglich vermochten Geist oder Auge sogleich die Seichtheit der gewaltigen Wasserfläche zu ermessen, die sich in kräuselndem Glanze meilenweit nach Norden und Süden erstreckte, oder die schmale Linie von kleinen Inseln zu erkennen, die sie im Osten begrenzte. Der salzige Windhauch, die weißen wehklagenden Seevögel, die Massen dunklen Tangs, den die Flut heranspült, alles verkündete, daß es wirklich der Ozean war, an dessen Busen die große Stadt so friedlich ruhte; nicht ein so blauer, sanfter, binnenseeartiger Ozean, wie er die Neapolitaner Vorgebirge umspült oder unter den marmornen Felsen von Genua schlummert, sondern ein Meer mit der bleichen Gewalt unserer eigenen nordischen Wogen, allerdings gemildert zu seltsamer, ausgedehnter Ruhe, und seine zornige Blässe zu einem Felde leuchtenden Goldes verwandelt, wenn die Sonne hinter dem Glockenturm der einsamen Inselkirche unterging, die so passend »St. Georg vom Seetang« genannt wird. Indem das Boot sich der Stadt näherte, sank die Küste, die der Reisende eben verließ, hinter ihm in eine lange düstere Linie zusammen, hier und da unregelmäßig mit Gestrüpp und Weiden besetzt; aber an ihrem scheinbar nördlichsten Vorsprung tauchten die Hügel von Arqua als dunkle Gruppe purpurner Pyramiden auf, über der lichten Spiegelung der Lagune schwebend; zwei oder drei glatte Wellenlinien niedrigerer Hügel streckten sich an ihrem Fuße hin, und über diese hinaus schloß die Alpenkette, mit den Felsspitzen oberhalb Vicenzas beginnend, den ganzen nördlichen Horizont ein – eine ausgezackte blaue Wand, durch deren Spalten hier und da eine Wildnis nebliger Abgründe zu sehen war, weit zurücktretend bei den Buchten von Cadore und sich selbst erhebend und nach Osten wendend, wo die Sonne auf ihren Schnee traf, in mächtigen Bruchstücken matten Lichts, aufragend hinter den streifigen Abendwolken, eines nach dem andern, in ungezählter Pracht, als Krone des adriatischen Meeres, bis das Auge sich von ihnen abwandte, um auf der näheren Glut der Glockentürme von Murano zu ruhen und auf der großen Stadt, die an den Wellen entlang immer größer wurde, beim raschen stillen Näherkommen der Gondel. Und wenn endlich ihre Mauern erreicht und man in die äußersten ihrer unbetretenen Straßen Eingang gefunden hatte, nicht durch betürmte Tore oder bewachte Wälle, sondern wie durch eine tiefe Durchfahrt zwischen zwei Korallenfelsen im Indischen Ozean; wenn sich zuerst dem Blicke des Reisenden die langen Reihen säulengeschmückter Paläste darboten, – jeder mit seiner schwarzen Gondel am Portal befestigt, – jeder mit seinem Spiegelbild zu seinen Füßen auf jenem grünen Pflaster, das jeder Windhauch zu neuen phantastischen Gebilden reichen Mosaiks verschob; wenn zuerst am äußersten Ende des strahlenden Bildes der schattige Rialto seine kolossale Bogenlinie hinter dem Palazzo de' Camerlenghi hervor ausstreckte, jener merkwürdige Bogen, so zart und so hart, so stark wie eine Berghöhlung und so zierlich wie ein eben gespannter Bogen; wenn zuerst, noch ehe sein mondförmiger Umriß ganz aufgetaucht war, der Ruf des Gondoliers »Ah! Stali« scharf ins Ohr klang und der Schiffsschnabel seitwärts drehte unter die mächtigen Steingesimse, die über dem engen Kanal beinahe zusammentrafen, wo das Klatschen des Wassers laut am Marmor seitwärts von der Gondel erklang; und wenn zuletzt das Boot auf die Breite der silbernen See hinausschoß, über der die Fassade des Dogenpalastes mit ihren blutroten Adern leuchtend nach der schneeigen Kuppel von S. Maria della Salute hinüberblickt, dann war es kein Wunder, daß der Sinn so überwältigt war von dem phantastischen Zauber einer so schönen und seltsamen Szenerie, daß man die dunkleren Tatsachen ihrer Geschichte und ihrer Existenz vergaß. Es mochte wohl so erscheinen, als ob eine solche Stadt ihre Entstehung eher der Wünschelrute eines Zauberers zu verdanken hätte als der Furcht des Flüchtlings, daß das Wasser, das sie umschloß, eher zum Spiegel ihres Pomps als zum Obdach ihrer Nacktheit gewählt wäre und alles, was von Natur aus rauh oder unbarmherzig ist – Zeit und Verfall sowohl wie Wellen und Stürme –, dazu vermocht wäre, sie zu schmücken, anstatt sie zu zerstören, und noch für künftige Zeiten jene Schönheit erhalten könnte, die für ihren Thron den Sand des Stundenglases ebenso festgehalten zu haben schien wie den der See.

Wenn auch die letzten wenigen ereignisreichen Jahre, die das Aussehen der ganzen Welt umgestaltet haben, in ihrem Einfluß auf Venedig verhängnisvoller gewesen sind als die fünfhundert vorhergegangenen; und das edle Landschaftsbild, das sich uns beim Ankommen bot, jetzt nicht mehr gesehen werden kann, oder nur ganz flüchtig, wenn die Lokomotive ihr Rasen auf den eisernen Schienen verlangsamt; und wenn auch viele ihrer Paläste für immer verunstaltet und viele zu geschändeten Trümmern geworden sind, so liegt doch noch so viel Zauber in ihrem Anblick, daß der eilige Reisende, der sie verlassen muß, ehe die Verwunderung über diesen ersten

Anblick sich abgeschwächt hat, noch immer dahin gelangen kann, die Niedrigkeit ihres Ursprunges zu vergessen und seine Augen vor der Tiefe ihrer Verwüstung zu verschließen.

Wenigstens sind diejenigen nicht zu beneiden, in deren Herzen das große Mitleid der Einbildungskraft erstorben ist und deren Phantasie keine Macht besitzt, die Zudringlichkeit schmerzlicher Eindrücke zurückzudrängen oder das Unedle zu erheben und das Unharmonische zu verhüllen bei einer Szene, die so reich an Erinnerungen, so unübertrefflich an Schönheit ist. Aber dieses Spiel der Phantasie darf nicht gestattet werden bei der vor uns liegenden Aufgabe. Die unfruchtbaren romantischen Gefühle, die so charakteristisch für unser Jahrhundert sind, vermögen die Überreste jener mächtigeren Zeitalter, an denen sie wie rankende Blumen hängen, wohl zu vergolden, aber niemals zu erhalten; und sie müssen von den herrlichen Bruchstücken losgerissen werden, wenn wir sie sehen wollen, wie sie in ihrer eigenen Kraft dastanden. Diese stets ebenso fruchtlosen wie liebevollen Gefühle sind in Venedig nicht nur unfähig, die Gegenstände zu schützen, denen sie gelten müßten, sondern selbst, sie herauszufinden. Das Venedig des modernen Romans und des Dramas ist ein Ding von gestern, ein bloßes Aufblühen des Verfalls, ein Bühnentraum, der beim ersten Strahl von Tageslicht in Staub zerfallen muß. Kein Gefangener, dessen Name der Erinnerung wert ist oder dessen Kummer Mitleid verdiente, hat jemals die »Seufzerbrücke« überschritten, die der Mittelpunkt des Byronschen Ideals von Venedig ist; kein großer Kaufmann von Venedig sah jemals jenen Rialto, unter dem der Reisende jetzt mit atemlosen Interesse entlangfährt; die Statue, welche Byron Faliero als einen seiner großen Vorfahren anreden läßt, wurde einem Glücksritter hundertfünfzig Jahre nach Falieros Tode errichtet; und die hervorragendsten Teile der Stadt sind im Laufe der letzten drei Jahrhunderte so gänzlich verändert worden, daß, wenn Enrico Dandolo oder Francesco Foscari aus ihren Gräbern zitiert werden könnten und jeder auf dem Verdeck seiner Galeere an der Einfahrt des großen Kanals stände, jener berühmten Einfahrt, die der Lieblingsvorwurf des Malers, die Lieblingsszenerie des Romanschreibers ist; dort wo das Wasser zuerst bei den Stufen der Kirche von La Salute sich verengert – dann würden die mächtigen Dogen nicht wissen, in welchem Teile der Welt sie ständen, würden tatsächlich nicht einen Stein der großen Stadt wiedererkennen, um derentwillen und durch deren Undankbarkeit ihre grauen Haare mit Bitterkeit in die Gruft gebracht wurden. Die Überbleibsel ihres Venedig liegen hinter den aufgehäuften Massen verborgen, die das Entzücken des kindisch gewordenen Volkes bildeten; verborgen in manch einem grasbewachsenen Hof und stillem Fußsteig und finsterm Kanal, wo die trägen Wellen ihre Fundamente fünf Jahrhunderte lang unterspült haben und bald den Sieg über sie davontragen müssen. Es muß unsere Aufgabe sein, sie zu sammeln und auszulesen und aus ihnen ein schwaches Abbild der entschwundenen Stadt wiederherzustellen; tausendfach prächtiger als die heute existierende; aber nicht erschaffen als Luftschloß des Fürsten oder als Prahlerei des Edelmanns, sondern von eisernen Händen und geduldigen Herzen aufgebaut, im Kampf gegen die Unbill der Natur und die Raserei des Menschen, so daß ihre Wunderbarkeit nicht mit der Indolenz der Phantasie erfaßt werden kann, sondern nur nach ehrlicher Erforschung der wahren Natur jenes rauhen und einsamen Schauplatzes, dessen rastlose Flut und zitternder Sand allerdings den Ursprung der Stadt beschirmten, aber ihr lange Zeit die Herrschaft versagten.

Wenn man zufällig einen Blick auf die Karte von Europa wirft, so gibt es keine Form, durch die er mehr angezogen werden kann, als durch die merkwürdige Schleifenkrümmung, die die Vereinigung der Alpen und Apenninen bildet und das große Becken der Lombardei einschließt. Dieses Zurückkehren der Bergkette zu sich selbst bringt eine große Verschiedenheit im Charakter ihrer Trümmerverteilung auf ihren entgegengesetzten Seiten hervor. Die Felsentrümmer und Ablagerungen, die die Ströme an der Nordseite der Alpen in die Ebenen tragen, breiten sich über eine weite Strecke Land aus, und wenn sie auch hier und dort in Kiesbetten von riesiger Dicke eingegraben sind, so gestatten sie doch bald den festen Substraten unter ihnen, zum Vorschein zu kommen; aber alle Ströme, welche von der südlichen Seite der Alpen und vom nördlichen Abhange der Apenninen herabkommen, treffen konzentrisch in der Bucht oder Talmulde zusammen, welche die beiden Bergrücken einschließen; jedes Trümmerstück, das der Gewittersturm aus ihren Festungsmauern bricht, und jedes Staubkorn, das der Sommerregen aus ihren Triften wäscht, wird schließlich zur Ruhe gelegt in der blauen Krümmung der lombardischen Ebene; und diese Ebene hätte innerhalb ihrer felsigen Schranken emporsteigen müssen, wie ein Becher sich mit Wein füllt, wenn nicht zwei entgegengesetzte Einflüsse vorhanden wären, die beständig auf ihrer Oberfläche die Anhäufung der Trümmer von Jahrhunderten niederdrücken oder zerstreuen.

Ich will das Vertrauen des Lesers auf die moderne Wissenschaft nicht erschüttern durch besonderes Eingehen auf die eigentümliche Senkung der lombardischen Ebene, die seit vielen Jahrhunderten gleichmäßig und andauernd stattgehabt zu haben scheint; die hauptsächliche Tatsache, mit der wir zu tun haben, besteht in der stufenweisen Fortschaffung großer Massen feiner Ablagerungen durch den Po und seine großen Nebenflüsse nach der See. Der Charakter der lombardischen Ebene ist am schlagendsten ausgedrückt durch die alten Mauern ihrer Städte, die größtenteils aus großen, abgerundeten Alpenkieseln bestehen, die mit schmalen Backsteinschichten abwechseln; und er wurde 1848 merkwürdig deutlich gemacht durch die vier oder fünf Fuß hohen Wälle, die um jedes Feld errichtet wurden, um die österreichische Kavallerie bei der Schlacht unter den Mauern Veronas zurückzuhalten. Der feinere Staub, in dem diese Kiesel verstreut liegen, wird von den Flüssen aufgenommen, die durch den Schnee der Alpen immer neue Kraft erhalten, so daß sie trotz der Reinheit, mit der ihre Wasser aus den Seen am Fuße der großen Kette hervorquellen, die Farbe und Undurchsichtigkeit des Lehms annehmen, bevor sie das adriatische Meer erreichen. Der Bodensatz, den sie mit sich tragen, wird sofort niedergeschlagen, wenn sie in die See treten, und er bildet einen weitreichenden Gürtel niedrigen Landes entlang der südlichen Küste von Italien. Der mächtige Strom des Po baut natürlich am raschesten und weitesten hinaus; an beiden Seiten, nördlich und südlich, liegt eine Strecke Marschland, die von schwächeren Strömen gespeist wird und einem weniger raschen Wechsel unterworfen ist als das Delta des Hauptflusses. In einer dieser Strecken ist *Ravenna* erbaut, in der anderen *Venedig*.

Was für Umstände die eigentümliche Anordnung dieses Ablagerungsgürtels in frühesten Zeiten veranlaßte, ist hier nicht der Ort zu erforschen. Für uns genügt es zu wissen, daß sich von den Mündungen der Etsch bis zu denen der Piave, in einer wechselnden Entfernung von drei bis fünf Meilen von der wirklichen Küste, eine Sandbank erstreckt, die durch schmale Seekanäle in längliche Inseln geteilt ist. Der Raum zwischen dieser Sandbank und dem wirklichen Ufer besteht aus den Ablagerungen dieser Kanäle und anderer Flüsse, eine große Fläche kalkartigen Schlammes, der in der Nähe von Venedig bei Hochflut, an den meisten Stellen ein bis anderthalb Fuß hoch von der See bedeckt ist, aber durch ein verwickeltes Netzwerk von engen und gewundenen Kanälen geteilt ist, aus denen die See nie zurücktritt. An einigen Stellen ist das Land, je nach dem

Lauf der Strömungen, zu moorigen Inseln aufgestiegen, die teils durch Kunst, teils durch die Zeit einen so festen Boden erlangt haben, daß darauf gebaut, oder einen so fruchtbaren, daß er bestellt werden kann; an anderen hat es dagegen die Meereshöhe nicht erreicht, so daß beim durchschnittlichen Niederwasser seichte kleine Seen zwischen seinen unregelmäßig verteilten Feldern von Seetang glitzern. Inmitten des größten von diesen, der noch an Bedeutung gewann durch das Zusammenfließen mehrerer großer Flußkanäle nach einer der Öffnungen am Seeufer zu, ist die Stadt Venedig selbst auf einer zusammengedrängten Gruppe von Inseln erbaut worden; die verschiedenen Flecken höheren Grund und Bodens, die nördlich und südlich von dieser Mittelgruppe auftauchen, sind in verschiedenen Zeiträumen dicht bevölkert gewesen, und man findet noch jetzt, je nach ihrer Größe, die Überreste von Städten, Dörfern, oder vereinzelten Klöstern und Kirchen zwischen Strichen freien Feldes verstreut, die teils wüst und mit Trümmern bedeckt, teils zur Versorgung der Hauptstadt bestellt sind.

Das durchschnittliche Steigen und Fallen der Flut beträgt ungefähr drei Fuß (was mit den Jahreszeiten beträchtlich wechselt); aber sie genügt, um an einem so flachen Ufer eine fortwährende Bewegung des Wassers hervorzubringen und in den Hauptkanälen einen Rückfluß, der häufig wie ein Mühlstrom dahinschießt. Bei hoher Flut ist häufig meilenweit nördlich oder südlich von Venedig kein weiteres Land zu sehen als kleine Inseln, die mit Türmen bekrönt oder von Dörfern bedeckt sind. Ein etwa drei englische Meilen breiter Kanal liegt zwischen der Stadt und dem Festland, und ein etwa anderthalb Meilen breiter zwischen ihr und der sandigen Düne, der Lido genannt, der die Lagune von dem adriatischen Meer trennt, aber so flach ist, daß er kaum den Eindruck stört, als ob die Stadt inmitten des Ozeans erbaut sei, trotzdem das Geheimnis ihrer wahren Lage teilweise, wenn auch nicht unangenehm auffallend, durch die Gruppen von Pfeilern verraten wird, die errichtet sind, um die Tiefwasserkanäle zu bezeichnen, und welche weit hinaus, gefleckten Ketten gleich, wogen wie die bunten Rücken riesiger Seeschlangen, und durch das rasche Aufflimmern der gekräuselten und dicht gedrängten Wellen, die, von den starken Winden getrieben, auf der glatten Oberfläche der flachen See flattern und tanzen. Aber die Szene stellt sich ganz anders zur Ebbezeit dar. Ein Sinken von achtzehn oder zwanzig Zoll genügt, um auf dem größten Teil der Lagune den Grund sehen zu lassen; und bei vollständiger Ebbe erblickt man Venedig inmitten einer düsteren Ebene von dunkelgrünem Seetang, mit Ausnahme der Stelle, wo die breiteren Arme der Brenta und ihrer Nebenflüsse nach dem Hafen des Lido zusammenlaufen. In dieser salzigen und düsteren Ebene kommen die Gondeln und Fischerböte durch gewundene Kanäle vorwärts, die selten mehr als vier oder fünf Fuß tief sind und oft so von Schlamm verstopft, daß die schwereren Kiele den Boden so stark durchfurchen, daß man ihre Wegspuren durch das klare Seewasser erblickt wie die Radspuren auf einer winterlichen Landstraße. Das Ruder läßt bei jedem Schlage blaue Narben auf dem Grunde zurück oder verwickelt sich in den dicken Tang, der die Ufer mit der Wucht seiner finsteren Wogen umsäumt, hin und her schwankend im unsicheren Wallen der erschöpften Flut. Der Anblick hat oft etwas tief Bedrückendes, auch noch heutzutage, wo jeder Fleck höher gelegenen Bodens irgendein Bruchstück eines schönen Gebäudes trägt. Um aber kennenzulernen, wie es einst war, möge der Reisende eines Abends in seinem Boot den Windungen eines wenig besuchten Kanals weit hinaus in die melancholische Ebene folgen. Er entferne im Geist den Glanz der großen Stadt, die sich in der Entfernung erstreckt, und die Mauern und Türme in der Nähe und warte dann, bis die strahlende Bekleidung und süße Wärme des Sonnenunterganges von den Wassern entschwunden sind und die dunkle Öde ihrer Ufer in ihrer Nacktheit unter dem Nachthimmel liegt, pfadlos, trostlos, kraftlos, in düstere Mattigkeit und banges Schweigen versunken, ausgenommen, wo die salzigen Flüßchen in die flutlosen Lachen plätschern oder die Seevögel von ihren Rändern mit einem fragenden Schrei aufflattern. Dann wird er imstande sein, in gewissem Maße das Herzensgrauen nachzuempfinden, mit dem in alten Zeiten der Mensch diese Einsamkeit zu seinem Wohnort wählte. Die zuerst die Pfähle in den Sand hinein trieben und das Seegras zu ihrem Lager ausstreuten, dachten wohl schwerlich daran, daß ihre Kinder einst die Fürsten des Ozeans sein würden und ihre Paläste sein Stolz; und doch erinnere man sich bei den großen Naturgesetzen, die jene traurige Wildnis regieren, welch eine merkwürdige Vorbereitung für Dinge getroffen war, die keine menschliche Phantasie vorhersehen konnte, und wie die ganze Existenz und der Reichtum der venezianischen Nation voraussichtlich oder folgerichtig waren durch das Anbringen jener Dämme und Tore an den Flüssen und an der See. Hätten tiefere Strömungen ihre Inseln getrennt, dann würden feindliche Flotten immer wieder die aufstrebende Stadt zur Dienstbarkeit herabgewürdigt haben; hätten stärkere Wogen an ihre Ufer geschlagen, dann hätte die ganze

Pracht und Feinheit der venezianischen Architektur mit den Bollwerken und Molen eines gewöhnlichen Seehafens vertauscht werden müssen. Hätte keine Flut stattgefunden, wie in anderen Teilen des mittelländischen Meeres, dann wären die engen Kanäle der Stadt gesundheitsschädlich geworden und das Meer, in dem sie erbaut war, verpestend. Wäre die Flut nur einen Fuß oder achtzehn Zoll höher gestiegen, dann hätte man keine Wasserzugänge an den Türen der Paläste anbringen können, was sogar jetzt eine kleine Schwierigkeit zur Ebbezeit bietet, wenn man landen muß, ohne die niedrigeren und schlüpfrigen Stufen zu betreten; und die höchste Flut tritt mitunter in die Hofräume und überströmt die Hausflure. Ein achtzehn Zoll größerer Unterschied zwischen der Höhe von Ebbe und Flut würde die Türstufen jedes Palastes bei Tiefwasser zu einer trügerischen Masse von Seetang und Schnecken gemacht haben, und das ganze System der Wasserbeförderung für die höheren Klassen, bei ihrem leichten und täglichen Verkehr, hätte aufgegeben werden müssen. Die Straßen der Stadt wären verbreitert worden, das Netzwerk ihrer Kanäle zugeschüttet und der ganze eigentümliche Charakter des Ortes und der Einwohner zerstört worden.

Der Leser hat vielleicht einen gewissen Schmerz empfunden bei dem Kontrast zwischen dieser getreuen Schilderung von der Lage des venezianischen Throns und der romantischen Auffassung, die wir uns gewöhnlich davon bilden; aber dieser Schmerz sollte, wenn wir ihn überhaupt empfunden haben, mehr als aufgewogen werden durch den Wert des uns hierdurch sofort dargebotenen Beispiels von der Unerforschlichkeit und Weisheit der Wege Gottes. Wenn es uns vor zweitausend Jahren gestattet gewesen wäre, das langsame Ansetzen des Schlammes jener trüben Flüsse in der verunreinigten See zu beobachten und das Eindringen der leblosen, gefühllosen und unwegsamen Ebene in ihre tiefen und frischen Wasser, wie wenig hätten wir wohl den Zweck verstehen können, um dessentwillen jene Inseln aus dem leeren Raum geformt und die trüben Wogen von ihren öden Sanddämmen umschlossen wurden! Wie wenig hätten wir, ebenso wie bei vielem, was uns jetzt äußerst trübe, dunkel und zwecklos erscheint, das glorreiche Ziel zu erkennen vermocht, das Er damals im Sinne hatte, in dessen Händen alle Enden der Welt liegen! Wie wenig wir uns vorstellen können, daß in den Gesetzen, welche die düsteren Ränder jener unfruchtbaren Uferdämme vorrückten und das Unkraut zwischen ihren Untiefen aufwachsen ließen, allerdings eine Vorbereitung lag, und zwar die *einzig mögliche Vorbereitung* für die Begründung einer Stadt, die wie eine goldene Spange an den Gürtel der Erde gesetzt werden sollte, um ihre Geschichte auf die weißen Rollen der Meereswogen zu schreiben, sie mit ihrem Donner in Worte zu kleiden, den Ruhm des Westens und des Ostens aufzuhäufen und in weltdurchdringendem Pulsschlag aus dem glühenden Herzen ihrer Kraft und ihres Glanzes zu verkündigen!

Anmerkungen

1 Dieser berühmte Text, das Muster für eine ganze »Annäherungsliteratur« des Realismus, karikiert auf bewußte oder unbewußte Weise seine Vorgänger in der romantisch-pittoresken Italiendichtung. Samuel Rogers hatte in *Italy* (1822) ebenfalls seine Reise von Padua bis Venedig bedichtet; man vergleiche mit Ruskins letzten Zeilen die entsprechenden Verse des Freundes Rogers:

Gliding on,
At length we leave the river for the Sea.
At length a voice aloft proclaims »Venezia!«
And, as called forth, she comes.

2 Kew Gardens, in der Nähe von London – Ruskin bezieht sich auf die Architektur dieses berühmten Gartens.

3 Effie und John Ruskin kamen nach Oberitalien, als die bewaffneten Auseinandersetzungen des Revolutionsjahres 1848/49 nur kurze Zeit zurücklagen und die Präsenz der österreichischen Truppen überall noch ihren Höchststand hatte.

4 Joseph Wenzel Radetzky (1766–1858), seit 1836 Feldmarschall in österreichischen Diensten, befehligte die österreichischen Streitkräfte gegen die Italiener im Aufstand von 1848/49. Zur Zeit der Abfassung des Briefes militärischer und ziviler Oberbefehlshaber von Lombardo-Venetien.

5 Lady Otways Erwartungen in bezug auf das gesellschaftliche Leben in der Lagunenstadt waren etwas verfrüht, wie wir auch Effies folgenden Briefen entnehmen können. Erst im Winter 1851/52 dürfte sich das mondäne Leben wieder im alten Umfang hergestellt haben. Der Duc de Bordeaux (1820–1883), der französische Thronprätendent aus dem Haus Bourbon, war besser bekannt unter dem Namen Comte de Chambord. Er besaß einen Palazzo in Venedig. Der Conde Montemolin (1818–1861) war der älteste Sohn des spanischen Thronprätendenten Don Carlos.

6 Charlotte Ker, eine Freundin Effies, die sie während des ersten Venedig-Aufenthaltes begleitete.

7 Der Diener, den man sich vor Ort mietete und der als Fremdenführer, Dolmetscher und als Agent bei Einkäufen fungierte. Außerdem hatten die Ruskins ihren eigenen Diener John Hobbes, genannt George, mitgenommen.

8 Der Vater war Leutnant-Feldmarschall Graf François Wimpffen, Kommandant der österreichischen Truppen in Triest. Er hatte zwei Söhne in

österreichischen Diensten, Victor und Alphonse. Letzterer, der als Adjutant bei Radetzky diente, wurde ein enger Freund der Ruskins, besonders Effies.

9 Carlo Alberto, König von Sardinien, Piemont und Savoyen (1798–1849), hatte im Revolutionsjahr 1848 den Österreichern den Krieg erklärt. Am 23. März 1849 wurde er von Feldmarschall Radetzky in der Schlacht von Novara endgültig besiegt und mußte abtreten.

10 Effie ist hier ungerecht. Die Österreicher hatten den Venezianern harte Steuern auferlegt, die zum Wiederaufbau der für die Besatzer so unverzichtbaren Eisenbahnbrücke verwandt wurden.

11 Dies ist nicht der venezianische Brown (siehe Anmerkung 13), sondern der Reverend W. L. Brown, der in Wendlebury bei Bicester in Oxfordshire lebte.

12 Der Name von Ruskins Londoner Verlag. Ruskin hatte im Katalog dieses Verlags, der seinen *Seven Lamps of Architecture* (1849) beigebunden war, ein Werk namens *The Stones of Venice* als »in Vorbereitung« angekündigt.

13 Rawdon Lubbock Brown (1806–1871), derjenige Engländer, der es im 19. Jahrhundert am längsten in Venedig ausgehalten hat. Er lebte dort mit Unterbrechungen seit 1821 und erwarb sich als Quellenforscher und -editor große Verdienst um die diplomatische Geschichte Venedigs.

14 Zu diesem, dem besten Freund der Ruskins und Effies beständigstem Verehrer während des ersten Aufenthaltes, siehe die nächsten Briefe: es handelt sich um den Leutnant der Artillerie Karl Paulizza.

15 Gräfin Maria Wimpffen lebte im Palazzo Fini. Sie war die Tochter von Baron Bernhard Eskeles, der der Österreichischen Staatsbank vorstand.

16 Wir erfahren diese Geschichte nie.

17 Ruskin reiste niemals, ohne nicht einige Stiche und Aquarelle Turners mitzunehmen.

18 Die Kirche von San Girolamo im Stadtteil Cannaregio, die 1842 in eine Dampfmühle umgewandelt worden war, besaß für Ruskin eine emblematische Funktion. Erinnert sei an das Ende der Annäherung an Venedig.

19 Als Bedürfnisanstalt.

20 Für Effie gleichbedeutend mit Österreicher(in). Zur Person siehe Anmerkung 15.

21 Donizettis Oper, die zuerst als *Les Martyrs* 1840 in Paris aufgeführt wurde.

22 *La Esmeralda*, Ballett von Cesare Pugni nach Victor Hugo, zuerst aufgeführt London 1844.

23 Augusta Maywood, eine Amerikanerin, als solche die einzige international berühmte Ballettänzerin. Die Zeitgenossen urteilten über ihre Reputation ganz anders als Effie.

24 John sah Maria Taglioni das erste Mal 1834 in Paris.

25 Name des Elternhauses von Effie im schottischen Perth.

26 Es handelt sich um eine der berühmten Episoden des österreichisch-venezianischen Kriegs: Die Venezianer hatten das Fort auf der Insel San Giuliano im Mai 1849 geräumt und vermint; als die Österreicher davon Besitz ergriffen, kam es zu einer schweren Explosion. Von San Giuliano

aus leitete Paulizza das Bombardement von Venedig, das allerdings wenig Schaden anrichtete, da bei der großen Entfernung die Geschosse kaum noch Durchschlagskraft hatten.

27 Auf den Gondeln wurden offenbar Holzkohlebecken mitgenommen.

28 Am 12. Juli 1849 wurden zwanzig Ballons von Schiffen, die am Lido lagen, in Richtung Venedig in Bewegung gesetzt. Die Granaten, die sie trugen, wurden durch das Abbrennen von Zündschnüren abgeworfen: Die meisten fielen ins Meer, einige Ballons aber überflogen die Stadt und die Lagune und luden ihre Fracht über San Giuliano, also über Paulizzas Artilleriestellung ab.

29 Effies Bruder.

30 Im Original deutsch: zwanzig Groschen.

31 Dieser Brief fehlt.

32 Wo Effie und John Ruskin vor ihrem Venedig-Aufenthalt in London wohnten. In Venedig quartierten sie sich in der Casa Wetzlar ein, heute das Gritti Hotel. Das Haus trug seinen Namen nach der Besitzerin, der ungarischen Baronin Wetzlar.

33 Eine Redewendung Lady Trevelyans in bezug auf den Umgang mit Hunden.

34 Konstantin, der zweite Sohn des Zaren Nikolaus I., verheiratet mit Prinzessin Alexandra von Sachsen-Altenburg.

35 Graf Eugen Falkenhayn (1792–1853), österreichischer Kavalleriegeneral, der zweite Mann am Platz nach dem Gouverneur.

36 General Karl Gorzkowski, der österreichische Gouverneur von Venedig.

37 General Graf Tassilo Festitics, geboren 1813, Sohn eines ungarischen Magnaten und einer Prinzessin von Hohenzollern-Hechingen.

38 Eugène Graf Wrbna und Freudenthal (1822–1880), General und Adjutant des Kaisers.

39 Jane Lilla Nugent, verh. Gräfin Pallavicini, war die Tochter des österreichischen Generals irischer Abstammung Vaval, Count Nugent. Sie wurde Effies beste Freundin in Venedig.

40 Am 2. Dezember 1851 fand in Frankreich der Staatsstreich Louis Napoleons statt. Zur Zeit der Abfassung des Briefes war der bewaffnete Widerstand, der sich im ganzen Land und besonders in Paris regte, noch nicht niedergeschlagen.

41 Graf, später Prinz Antonio Pallavicini-Fibbia, der Ehemann der in Anmerkung 39 erwähnten Gräfin. Ungeachtet seiner persönlichen Marotten kann man am Verhalten des Grafen sehr wohl erkennen, daß es auch 1851/52 kaum einen gesellschaftlichen Austausch zwischen Österreichern, Fremden und Venezianern gab. Die Gräfinnen Mocenigo und Pallavicini sind von Geburt Österreicherinnen; nur deswegen haben sie ein offenes Haus.

42 Anna Gräfin Esterhazy, geboren 1795, verheiratet mit einem 1838 verstorbenen Mitglied der ungarischen Magnatenfamilie.

43 Auguste Frédéric Louis Viesse de Marmont, Herzog von Ragusa (1774–1852), einer der bedeutendsten Heerführer Napoleons. Er unterwarf sich noch vor der Abdankung Napoleons den Bourbonen und befehligte im Auftrag Karls X. die königlichen Truppen gegen die Auf-

ständischen der Juli-Revolution. Nach 1830 ging er ins Exil und lebte vor allem in Venedig, wo er am 2. März 1852, also kurze Zeit nach Effies Brief, starb.

44 Bei diesem Brief handelt es sich um den auf Seite 67 abgebildeten kreuz- und quergeschriebenen Brief.

45 Graf Gilbert Nugent, Bruder der Gräfin Pallavicini, der nach einer Verwundung den österreichischen Heeresdienst quittiert hatte und in Venedig Erholung suchte.

46 Rossinis Oper, die 1823 in Venedig uraufgeführt wurde.

47 Band 1 der *Stones of Venice* war am 3. März 1851 erschienen.

48 Die Monate Dezember und Januar brachten auf dem Korrespondenzweg allerlei Ungemach für Effie und John: Der Vater Ruskin begann, sich über die Ausgaben des Paares Gedanken zu machen und den Sinn des ganzen Venedig-Aufenthaltes in Frage zu stellen. Anlaß war unter anderem das nicht gerade überwältigende Echo, das der erste Band der *Stones* ausgelöst hatte. Hinzu kamen schwere persönliche Verluste: Im Dezember 1851 starb Turner, der »earthly master« John Ruskins und ein guter Freund der Eltern; im Februar starb Samuel Prout, ein Künstler, der ebenfalls im Hause Ruskins aus und ein ging und den jungen Ruskin in seinem Zeichenstil stark beeinflußte. Der Briefwechsel wird vor allem von Turners Tod bestimmt, der von aller venezianischen Thematik ablenkte, was diese Auswahl nicht nachvollzieht. Zahlreiche Briefe wechseln jetzt zwischen London und Venedig, in denen es nur um ein Thema geht: um den Kauf von Turner-Aquarellen, Ölgemälden, Graphiken.

49 Charlotte Lockhart, die Enkelin Sir Walter Scotts, war in der Tat von den Eltern als Partie für John ausersehen worden, kurz bevor sich John für Effie entschied.

50 Mrs. Clinton Dawkins, die Frau des englischen Generalkonsuls in Venedig von 1846 bis 1852.

51 Prinzessin Thérèse Hohenlohe-Waldenburg-Schillingsfürst war als Tochter des österreichischen Grafen Thurn-Hofer-Valsassina in Venedig aufgewachsen und hatte auch während der Belagerung die Stadt nicht verlassen.

52 Ruskins Vater fand den Großteil vom ersten Band der *Stones* »mühsam und schwierig«; er kolportierte die Meinung von Ruskins Verleger Smith, daß »*technical* Works« nicht gingen: »*Modern Painters* is the selling book«, konstatiert der Vater und will seinen Sohn »mit der Feder, nicht mit der Kelle« in der Hand sehen; er verlangt von ihm »some Turner gleam of Venice [...] in your word painting«. (Zitate nach J. Clegg, *Ruskin and Venice*, London 1981, S. 100 f.)

53 Es gibt zahlreiche Veserzählungen des 21. Kapitels. Vermutlich meint Ruskin die »Leute, die brennen und verderben können«.

54 James Fergusson (1808–1886), ein bekannter Autor und Reiseschriftsteller, siehe etwa seine *Picturesque Illustrations of Ancient Architecture in Hindustan* (London 1847).

55 Charles Robert Cockerell (1788–1863), Professor der Architektur an der Royal Academy, Autor zahlreicher Bücher über englische und griechische Architektur.

56 Siehe Anmerkung 34.

57 Siehe Anmerkung 48.

58 Ruskins Hauptgedanke bei der Bestimmung der Gotik, zuerst formuliert in den *Seven Lamps of Architecture.*

59 Siehe Kapitel x von Band i und Kapitel vi von Band ii der *Stones of Venice*, besonders Band ii, Kapitel vi, S.8off.

60 In der Ruskin zuerst vom »heiligen Dreipaßbogen« als »dem charakteristischsten Merkmal des vollkommen gotischen Stils« spricht.

61 Edward Young, *Night Thoughts I*, 154–157.

62 Maria Edgeworth (1767–1849), eine der populärsten Schriftstellerinnen der ersten Hälfte des 19. Jahrhunderts, Verfasserin von Romanen und Moraltraktaten, die im Hause Ruskin sehr geschätzt wurden.

63 Samuel Rogers (1763–1855), Verfasser des berühmten Gedichtes *Italy* (1822), war ein guter Freund der Eltern wie auch John Ruskins, siehe Anmerkung 1.

64 Ruskin spielt hier noch einmal auf den Tod Samuel Prouts und William Turners an, die beide Freunde von Rogers waren. Siehe Anmerkung 48.

65 Bonifazio de' Pitati, jetzt in der Accademia.

66 Tintoretto-Schule, jetzt im Palazzo Reale.

67 Ruskin spielt hier auf eine verwickelte und unangenehme Affäre an, die das Ende des zweiten venezianischen Aufenthaltes überschattete, an den Briefen nicht gut nachvollzogen werden kann und die Ruskins auch noch viel länger beschäftigt: Effies Juwelen wurden gestohlen, und die Polizei – nicht die Ruskins, wie in der Öffentlichkeit, auch in den englischen Zeitungen, behauptet – beschuldigte einen in österreichischen Diensten stehenden Engländer, was wiederum die Freunde der Ruskins beim österreichischen Militär gegen sie auf- und John eine Duellforderung einbrachte; siehe das Nachwort.

Editorische Notiz

Die Briefe Effies sind ohne Ausnahme dem Band: M. Lutyens, *Effie in Venice*, London 1965, entnommen. Diese Ausgabe lieferte auch die Informationen für einen Gutteil der Anmerkungen. Die Briefe Johns, die zwischen September 1851 und Mai 1852 geschrieben wurden und an den Vater gerichtet sind, entstammen der Ausgabe: J. Ruskin, *Letters from Venice 1851–1852,* hrsg. von J. L. Bradley, New Haven 1955. Die Briefe an Lady Trevelyan findet man in: *Reflections of a Friendship. John Ruskin's Letters to Pauline Trevelyan,* hrsg. von V. Surtees, London 1979. Die Briefe Johns an W. L. Brown wurden übersetzt nach J. Clegg, *Ruskin and Venice,* London 1981. Der Brief an Samuel Rogers entstammt J. Ruskin, *Works. The Library Edition,* hrsg. von E. T. Cook und A. Wedderburn, London 1902 ff., Bd. 36. Die Übersetzungen aus den *Stones of Venice* stammen aus J. Ruskin, *Steine von Venedig,* übersetzt von H. Jahn, Leipzig 1903. Orthographie und Interpunktion dieser Ausgabe wurden behutsam modernisiert. 1994 erschien ein Reprint in drei Bänden, herausgegeben von W. Kemp. Die Anreden und Schlußformeln der Briefe, die durchweg gleich ausfallen (John: »My dearest Father« – Effie: »My dear Mother«, etc.), wurden weggelassen, ebenso Kürzungszeichen am Anfang der Briefe.

Nachwort

Wenn die Engländer im 18. und 19. Jahrhundert nach Italien zogen, suchten sie Unterhaltung und Mitbringsel für ihre Schlösser und Parks. Die deutschen Italien(wall)fahrer dagegen wollten sich zur Persönlichkeit bilden, sich an den Werten der Vergangenheit gewissermaßen aufladen. Im Verlauf des 19. Jahrhunderts glichen sich diese Gegensätze auf dem Niveau des Touristen aus, der gerne zu einer positiven Mischung aus deutsch: Begeisterung, und englisch: Unterhaltung, bereit gewesen wäre, aber dann doch nur »sehr gemischte Empfindungen« aufbringen konnten (Fontane 1874 aus Venedig).

Daß Italien ein zurückgebliebenes Land war, stieß den Komfortverwöhnten ab (nochmals Fontane: »Dazu ist mir [...] die ganze Geschichte doch zu schmutzig«); daß Italien mit großen Anstrengungen und unkaschierter Brutalität Anschluß an das nordeuropäische Niveau suchte, irritierte den Freund pittoresker Reize. Dem doppelt Enttäuschten mochte auch dämmern, daß der Egoismus nie zur wahren Harmonie mit dem Fremden führt. Das gilt für alle: für den, der sich vergnügen möchte, für den, der Kunstwerke abschleppt, für den, der sich an Bildungswerten innerlich bereichert, und für den, der das malerische Elend sucht. Es gilt in höchstem Grade für den berufsmäßig Fremden, für den Besatzer. Man darf nicht vergessen, daß Italien dem 19. Jahrhundert mit den Worten Metternichs nur als »ein geographischer Begriff« galt und daß sich fremde Mächte überall festgesetzt hatten, zumal in Oberitalien, welches die Österreicher zu einer Kolonie Nordeuropas ausbauten.

John: There is no pleasure in being in Venice

In diesem grob skizzierten Prospekt fehlt eine Figur unter den Fremden, und das wäre derjenige, der sich an Italien nicht immer nur bereichert, sondern zur Abwechslung auch einmal etwas für

Italien tut. Hier ist er: John Ruskin (1819–1900), ein Engländer ohne Grand-Tour-Allüren und ohne Touristen-Passivität, ein Privatgelehrter und Schriftsteller, der viele Jahre in Italien gelebt hat, zeichnend, schreibend, photographierend, messend. Für Venedig hat er seinen größten Einsatz erbracht.[1]

In den Befreiungskämpfen der Jahre 1848/49 hatte Venedig am längsten getrotzt: Vom März 1848 bis zum August des folgenden Jahres verteidigte sich die Stadt gegen die mit modernsten Waffen angreifenden Österreicher, ihre Landesherren seit 1815. Nach ihrem Sieg besetzten die gedemütigten und zu allem entschlossenen Österreicher die Außenforts mit stärksten Geschützen und bauten gegenüber von San Marco eine schwere Batterie auf. Sie hielten das historische Zentrum der Serenissima als Geisel und drohten, bei dem geringsten Ausbruch von Unruhe die Stadt dem Meeresspiegel gleichzumachen.

Auf diese Nachrichten hin war Ruskin noch im November 1849 in die von Cholera, Hungersnot und Kriegsverlusten gezeichnete Stadt geeilt, als einer der ersten Fremden überhaupt, zusammen mit seiner Frau Effie und zwei Begleitern. Man muß sich vorstellen, daß allein die Österreicher fünf- bis sechstausend Mann durch die während der Belagerung ausgebrochene Cholera-Epidemie verloren hatten. Obwohl er und seine Frau nicht gerade zu den Gesündesten gehörten, nahmen sie diese Gefährdungen in Kauf – aus verschiedenen Gründen, wie zu zeigen sein wird. Ruskin hatte während früherer Besuche die Erfahrung gemacht, daß von allen italienischen Städten Venedig am stärksten durch die unheilige Allianz aus Kräften des natürlichen Verfalls, der Indolenz der Italiener und der rasch fortschreitenden Modernisierung gefährdet wurde. »Wie ein Stück Zucker im Tee, so schnell schmilzt Venedig dahin«[2], schreibt er 1846 angesichts der Abriß- und Erneuerungswut, welche die Eisenbahn in die Stadt brachte und gerne deren Kopfpunkt ins historische Zentrum verlegt hätte. Dem fortschreitenden Raubbau (Ruskin 1845: »Das grenzt an Vernichtung«) war nun also von 1849 an die Alternative des plötzlichen Garaus gestellt.

Im ehemaligen Vergnügungszentrum des europäischen Hochadels gibt ein Bürger, der Sohn eines Weinhändlers, das neue Motto aus: »There is no pleasure in being in Venice« – und geht an die Arbeit. Auf Hunderten von Zeichenkartons und in Dutzenden von Notizbüchern werden die Bauten des mittelalterlichen Venedig aufgenommen, gezeichnet, aquarelliert, beschrieben. Oft geschieht das kurz vor dem Abbruch oder während einschneidender Eingriffe. Es gibt von Ruskins Hand ein berühmtes, schönes Aquarell der Ca' d'Oro, das unvollendet ist wie so viele von Ruskins lebendigen Studien, aber in diesem Fall aus Gründen Fragment blieb: »Schon an sich hätte sie mir das Höchste abverlangt, denn sie ist unendlich schwer zu zeichnen und wegen ihrer Vielfalt und Farbigkeit als Aquarellstudie kaum auszuführen, aber stelle Dir ein Arbeiten vor, wenn verdammte Maurer Stangen hochziehen und in die alten Mauern einschlagen und dabei die Profile abbrechen.«[3]

Der rastlose und geschickte Einsatz aller Fähigkeiten und Mittel, zu denen übrigens auch die Photographie gehörte, mußte wie eine Sisyphus-Arbeit anmuten angesichts der Vergänglichkeit des Gegenstands und angesichts des Vorhabens, alle byzantinischen und gotischen Bauwerke auf den fünf Quadratmeilen der Lagunenstadt zeichnen und vermessen zu wollen: »stone by stone, to eat it all up into my mind, touch by touch«.[4] Ruskin, der einzige und verwöhnte Sohn reicher Eltern, einer, der es sich angenehm hätte machen können und der bis dahin als Enthusiast, als bewegter Künder von Schönheiten der Kunst und der Natur aufgetreten war, Ruskin wird in Venedig unglücklich an der Welt und an sich und seiner selbst gestellten Aufgabe. Der viktorianische Quengelton zieht in seine Briefe und Schriften ein, ein Continuo, das nach Bedarf in das Register der Totalverdammung und düsteren Prophetie wechseln kann. Ein späterer Brief faßt die venezianischen Erfahrungen im Rückblick zusammen: »Ich bin hier durch so viele harte, trockene, mechanische Arbeit gegangen, daß ich das Gefühl für den Reiz des Ortes fast ganz verloren habe. Die Analyse ist ein widerwärtiges Geschäft. [...] Man fühlt nur, wie man eigentlich sollte, wenn man nicht sehr viel über die Sache weiß. Wenn ich Dich nur einen Moment lang erleben lassen könnte, was ich erlebe, wenn ich auf dem Kanal fahre und meine Arbeit tue, wenn sich Venedig in der Gestalt so vieler Architekturprofile darbeitet und jedes Gebäude in mir nur Assoziationen stärkerer oder geringerer Provokationen, Probleme und Pein auslöst – Pein, wenn ich mit erfrierenden Fingern und rauhem Hals die Fensterbänke in der winterkalten Luft zeichnete; Probleme, wenn die Profile der Fensterbänke nicht mit denen der Eingangstreppe und die Rückenansicht nicht mit der Vorderansicht übereinstimmten; Provokationen, die ich von jedem Lebewesen in Venedig entgegennehmen mußte, von meinen Gondolieri, die immer nach Hause wollten und nicht einsehen konnten, warum man den ganzen Tag lang auf dem Canal Grande festliegen sollte, um anschließend zum Lido zu rudern, von meinem Koch, der unablässig versuchte, Krebse am wasserseitigen Hauseingang zu fangen, und niemals welche fing, von meinem Valet-de-Place, der mich an Orte schleppte, wo es nichts zu sehen gab und bei Verabredungen an der falschen Seite wartete, von meinem englischen Diener, den ich lässig rauchend auf dem Markusplatz antraf und den ich, wenn's so weitergeht, seiner Mutter als Tunichtgut zurückbringen werde, von meinen Zierfischen, die im ganzen Raum Wasser verspritzten und meine Zeichnungen verdarben, von meinen Seepferdchen, die nie ihren Schwanz um meinen Stock ringelten, wenn ich es wollte, von einem Fischer, der vor meinem Fenster seine Krabben lebend als Köder aufspießt, wenn ich das Morgenlicht auf der Madonna della Salute studiere, von den Küstern aller Kirchen, die nie zu Hause sind, wenn ich sie brauche, von den Glocken aller Kirchen, die immer zu läuten anfangen, wenn ich am Turm arbeite, von den Gezeiten, die sich nicht so pünktlich einstellen, wie sie sollen, vom Wind, der meine Skizzen in den Kanal wehte und einmal den Gondoliere hinterher, vom Regen, der durch das Dach der Scuola di San Rocco tropft, von der Sonne, die jeden Nachmittag auf Tintorettos *Ariadne und Bacchus* fällt und dort Blasen hervorruft, und vom Dogenpalast selbst, der der schlimmste ist, der einfach nicht preisgibt, wie er entstanden ist. (Ich nehme an, daß dieser Satz irgendwo einen Anfang hatte, also auch irgendwo enden muß. Aber ich kann kein Ende für ihn finden, also muß er bleiben, wie er ist.)«[5]

Wie immer man diese Variation über das Thema »Die Tücke des Objekts« aufnimmt: Hier ist nicht nur vor dem historisch-philologischen Tatbestand, sondern auch vor der banalen Alltagsrealität ein Realist am Werk. Keiner hat so früh und so schonungslos mit dem pittoresken Italien aufgeräumt. Der verklärenden Tätigkeit der Phantasie möchte Ruskin »bei der vor ihm liegenden Aufgabe keine Funktion mehr einräumen«.[6] »Das Venedig der modernen Roman- und Dramenliteratur gehört dem Gestern an, ist eine Blüte des Verfalls, ein Bühnentraum, den der erste Strahl des Tageslichts zusammenfallen läßt.«[7] So gibt das Buch, das am Ende der venezianischen Arbeit steht und den prosaischen Titel *The Stones of Venice* führt, denn auch keine prächtigen Historiengemälde oder Architekturphantasien; es bietet im ersten Band eine demonstrativ trockene Grammatik der venezianischen Architektursprache, und erst am Ende dieses Bandes kommt die Stadt als Ganzes ins Bild, in einer mehrseitigen Annäherung, einer »Kamerafahrt« von Padua aus (sie ist hier den Briefen vorangestellt), die Venedig wie eine englische Industriestadt beschreibt und als ihr Wahrzeichen den zum Schornstein umgerüsteten Campanile einer Kirche, jetzt eine Dampf-mühle, hinstellt. Für seine »purple passages« war Ruskin berühmt geworden. Man sagt, daß er für die englische Prosa geleistet habe, was die englische Poesie Shakespeare verdankt. In Venedig verging ihm die Lust zu solchen »highly finished descriptions«; auch das Zeichnen will ihm nicht mehr gelingen, nachdem er so viele Maß-zeichnungen anfertigen mußte. Und Zeichnungen (beziehungs-weise Aquarelle) und Satzkaskaden verfertigen zu können, das war die Probe auf das Exempel seines Lebens, war der Gradmesser sei-ner Vitalität, den er täglich ablas, so wie andere sich den Blutdruck messen. Der Vater, der das ganze Unternehmen bezahlt, kritisiert ihn von London aus, verwirft den »antiquarianism«, die Detailhu-berei des Sohnes, will »Farbe« und »Eloquent passages« statt »small minute grave Business details«.[8] Und er wird auch nicht sonderlich darüber erbaut gewesen sein, daß der Sohn unter der scheinheiligen Überschrift *Die Natur der Gotik* eines der großen gesellschaftskri-tischen Pamphlete des Jahrhunderts schrieb, das bald in Sonder-drucken unter Arbeitern zirkulieren sollte.

Ruskin ist in Venedig, wie er in anderem Zusammenhang einmal sagt, »wrong at both ends«. Es gibt noch keine Rolle und keinen Auftrag für ihn; er arbeitet, wie er wiederholt dem Vater gegenüber betont, für die Sache und für sich. Er ist nicht mehr nur Essayist und Kunstkritiker im Stile der großen französischen und englischen Traditon (Diderot, Hazlitt, Stendhal), aber er ist auch noch kein rei-ner Wissenschaftler – eine Kunstwissenschaft, die, wie Ruskin dies tut, Objekte nahsichtig analysiert und nicht nur Quellen zutage fördert, muß überhaupt erst noch geschaffen werden. In den *Stones* findet man beides: Hunderte von Architekturprofilen und histori-sche, ästhetische, gesellschaftskritische Reflexionen – der Vater irrte sich also nicht gänzlich, wenn er sich aus der Ferne das entstehende Buch als »conjurer's box«, als Zauberkiste, vorstellte.

Ruskin findet auch keinen Ort im gesellschaftlichen und natio-nalen Spektrum seiner Umwelt. Er ist nicht auf der Seite der Öster-reicher, die sein Venedig dem Untergang weihen wollen und bis da-hin Stadt und Umland mit ihren militärischen Einrichtungen überziehen. Er ist erst recht nicht für die Italiener, die ihm schmut-zig, indolent und für den Verfall ihrer größten Schöpfungen ver-antwortlich erscheinen. Daß gerade die Venezianer, denen Europa überhaupt nichts mehr zugetraut hatte, der größten Militärmacht des Kontinents so lange widerstanden hatten, nötigt ihm kein Wort der Anerkennung ab. Da schlägt er sich lieber auf die Seite der

Österreicher, die immerhin ihre Untertanen davon abhalten (wollen), die Wände des Dogenpalastes als Pissoir zu benutzen. Die Österreicher sind unvollkommene Engländer, weil sie katholisch sind, aber immerhin verkörpern sie die Prinzipien der Disziplin, Sauberkeit und des Anstands in alltäglichen Dingen. Der Major, der den Beschuß und das Bombardement der Lagunenstadt befehligt hatte, wird zum besten Freund der Ruskins in Venedig. Ruskin bewundert seine elaborierten Terrainzeichnungen, die nicht mehr und nicht weniger als den Untergang der Lagunenstadt zum Gegenstand hatten.

Aber mit gewissem Recht gehört die Stadt nur ihm, dem Engländer und Protestanten, ihm, der sich zum »Auge des Jahrhunderts« herangebildet hatte und der sieht, wo andere nichts sehen oder wegschauen – ein zentrales Motiv der Jahre in Venedig. Die Selbstlosigkeit, die Arbeit für Venedig, ist der höhere Eigennutz dessen, der im Geiste kolonisiert und missioniert. »Es ist unsere Pflicht, alle Kräfte gegen den Aberglauben zu richten, der sie [die Kunstwerke Italiens, vor allem die religiösen] entehrt hat; es gibt Tausende, die möglicherweise Nutzen aus ihnen ziehen könnten, die aber von dem Götzendienst, der sie umgibt, abgestoßen werden.«[9] Die Tausende sollten kommen, auf den Spuren Ruskins. Aber Venedig hatte noch mehr zu geben und zu lehren. Venedig enthielt eine Lektion für alle: »the history of all men, not ›in a nutshell‹ but in a nautilus-shell«[10], aber besonders für die Politiker und die Künstler einer anderen Seemacht. Berühmt sind die Worte, mit denen Ruskin *The Stones of Venice* beginnen läßt: »Seitdem der Mensch seine Herrschaft über den Ozean ausgedehnt hat, haben sich auf dem Sande seiner Gestade vornehmlich drei Throne erhoben: die Throne von Tyrus [Karthago], von Venedig und von England. Vom ersten verbleibt nichts als die Kunde, vom zweiten nichts als ein Trümmerhaufen, der dritte, der die Größe der Vorgänger beerbte, mag, wenn er vergißt, was sie lehren, über stolzeren Aufstieg einem Untergang entgegengehen, der weniger Mitleid erregt.«[11]

Effie: Plenty of pleasure in being in Venice

Wie lebte es sich eigentlich in diesem »Trümmerhaufen«, inmitten dieser »Steine«? Was war Venedig, wenn es nicht Geschichte, sondern Gegenwart war? Neben und nur zum Teil mit Ruskin existierte eine junge Frau, der wir erstens *The Stones of Venice* und zweitens einen Briefkorpus verdanken, den man *The People of Venice* titulieren könnte. Euphemia (Effie) Chambers Gray (1827–1897) war die Tochter einer mit den Ruskins befreundeten Familie im schottischen Perth.[12] John und Effie hatten im Revolutionsjahr 1848 geheiratet; er war damals dreißig, weitgereist und hatte bereits mit den zwei ersten Bänden seines Hauptwerks *Modern Painters* »instant fame« errungen; sie war 21, eines von vierzehn Kindern und hatte bisher nicht viel von der Welt gesehen. Krankheit, Todesfälle, zuletzt finanzielle Schwierigkeiten hatten ihr ganz auf die Familie ausgerichtetes Leben überschattet. Die Ehe mit John war der ohne Zögern ergriffene Ausweg. Aber auch ein Weg zu neuen Problemen: Da waren einmal Johns Eltern, die in Effie nicht die ideale, sprich berühmte, adlige oder zumindest reiche Schwiegertochter gefunden hatten und außerdem feststellen mußten, daß die junge Schottin bei aller Unerfahrenheit und Jugend sich nicht zu einem fügsamen Anhängsel des Dreierbunds von Vater, Mutter, Sohn formen ließ. Die Eltern redeten in alles hinein und benutzten den Hebel des Finanziellen, um Effie an den Rand zu drängen und unglücklich zu machen. Effie hat aus dieser Konstellation den richtigen Schluß gezogen, daß ihre Ehe nur in der Entfernung von Johns Eltern gedeihen könne. 1849, gerade von einem längeren Aufenthalt auf dem Kontinent zurückgekommen, war ihr erster Gedanke Venedig, als sie John über das Schicksal der Stadt klagen hörte. Insofern kann man sagen, daß wir Effie die *Stones* verdanken.

Das andere Problem war, daß John und Effie seit ihrer Hochzeit eine Josephsehe führten. Über dieses Faktum gibt es mehrere Bücher und zahlreiche Theorien und verschiedene Schuldzuweisungen.[13] Sagen wir einfach, daß dieser Knoten, den Unerfahrenheit, Zeitgeist, psychische und physische Belastungen geknüpft haben, auch in Venedig nicht geplatzt ist. Daß die Ehe nicht vollzogen wurde, scheint die Beziehung der beiden, solange sie in Venedig waren, nicht sonderlich belastet zu haben. Es sprechen jedenfalls viele unverdächtige Äußerungen und Verhaltensweisen beider Partner dafür, daß sie in Venedig auf ihre Art glücklich waren, beide zusammen und jeder für sich. Auch John, trotz aller gegenteiligen Beteuerungen.

Kein Problem jedenfalls war, daß John ein großes Arbeitspensum zu absolvieren hatte und seine eigenen Wege ging. Dies gab Effie und ihrer Begleiterin Gelegenheit, Venedig auf andere Weise und auf anderen Wegen, aber mindestens ebenso intensiv wie John zu erkunden. Sie hat sich selbständig und umsichtig, ohne Scheu und mit großer Diskretion durch eine fremde Stadt und in mehreren fremden Gesellschaften bewegt, in der Gesellschaft der Österreicher bis hinauf zum Marschall Radetzky, in der Gesellschaft der ortsansässigen Aristokratie österreichischen Ursprungs, welche die Gesellschaft der venezianischen Noblen ersetzen mußte, die die Stadt und die Fremden mieden, in der Gesellschaft der internationalen Müßiggänger, die sich mit letzterer überschnitt, und in der kleinen Gesellschaft der Engländer, die nach und nach Venedig wieder ansteuerten. Das Muster war schon bei der Anreise, in Verona im November 1849, entwickelt worden: Kaum im österreichischen Oberitalien angekommen, attachieren sich Offiziere an die Engländerinnen, zeigen ihnen ihre hochinteressanten Befestigungsanlagen, während John mitsamt seinem Malzeug davongeht und einen »famous drawing day« hat. So ging es weiter, zur Entlastung Johns, zur Entfaltung Effies und zur Verwirrung der ausländischen Männerwelt: »Ich versichere Dir, daß wir den Herzen der österreichischen Offiziere und Soldaten einen tieferen Schrecken einjagen, als ihr Vorgesetzter Marschall Radetzky es könnte, denn so etwas wie zwei Ladies ist hier seit Monaten nicht mehr gesichtet worden.«[14] Von ihrer Freiheit, von dem ihr gewährten und von dem durch sie gestalteten Freiraum handeln Effies Briefe. Sie ist natürlich viel zu stolz, als daß sie ihre gesellschaftlichen Erfolge nicht nach Hause melden würde, gleichzeitig muß sie aber viele Worte machen, um ihr Betragen zu verteidigen oder in seinen Konsequenzen abzuschwächen. Allerdings brauchten die italienischen und die europäischen Adeligen nicht lange, um die Engländerin zu taxieren – als ungeeignet für die Abenteuer, die sie in Venedig suchten; aber die österreichischen Offiziere, von Verlangen und Ritterlichkeit zugleich erfüllt, zumindest gegenüber einer verheirateten Frau aus der Fremde, verliebten sich in Effie: Wie viele Herzen da gebrochen wurden, können wir nur ahnen, aber was in diesem Klima passieren konnte, ja mußte, das wissen wir. Von einem Duell, das ihretwegen ausgetragen wurde, berichtet Effie selbst, auf unnachahmlich unbetroffene Weise; an einer zweiten Affäre dieser Art, bei der Graf Thun, einer ihrer größten Verehrer, ausgerechnet John zum Duell forderte, war sie nur indirekt beteiligt: Ihr Schmuck war gestohlen worden, und die Polizei hatte einen in österreichischen Diensten stehenden Engländer beschuldigt, was dessen Kameraden offenbar gegen die ihnen bis dahin so eng verbundenen Ruskins aufbrachte – Eifersucht und zurückgewiesene Liebe werden beim Stimmungsumschlag eine Rolle gespielt haben. Auch zu diesem Termin ist John nicht erschienen – dieses Mal mit den besten Gründen auf seiner Seite.

Auf jeden Fall ist Effies Perspektive, selbst wenn sie nicht ganz tief dringt, die Innenperspektive: Es geht ihr um das Innere der Gesellschaft und ganz wörtlich um Interieurs, um Innenraumbegegnungen. Johns Domäne war Venedig von außen. Am liebsten lag er in der Gondel und zeichnete: Fassaden, Fenster, Torbögen. Venedig erscheint ihm dazu »prädestiniert«: »Einer weisen Eingebung verdanken wir es, daß die Straßen [sprich: die Kanalfronten] von Venedig so viel Ornament zeigen, denn es gibt kein ruhigeres Lager zur Betrachtung als die Gondel.«[15] So wird die formalistische Architekturbetrachtung geboren, aus der Außenperspektive. Nicht daß Effie nicht auch gerne Gondel gefahren wäre oder im Labyrinth der Straßen Versteck gespielt hätte. Aber ohne selbst Empfänge geben zu können (die Schwiegereltern!, der Zwang zum Sparen!, John!), hat sie Zugang zu vielen Häusern gefunden. Nur aus ihren Briefen erfahren wir, daß sich nach dem Zusammenbruch der Revolution und vor dem Eintreffen des internationalen Tourismus in den sechziger und siebziger Jahren wieder und zum letzten Mal Venedig als »watering place« des Adels und der Abenteurer organisierte. Es gab in Venedig ein einziges Hotel, das berühmte Danieli, das aber vor allem von Österreichern belegt war – Ruskins wohnten dort im ersten Winter. Wer nach Venedig kam, mußte mehr wollen als ein verlängertes Wochenende. Man mietete sich Wohnungen wie die Ruskins bei ihrem zweiten Aufenthalt oder ganze Palazzi wie der spanische Infant. Da der venezianische Adel es vorzog, auf dem Festland zu bleiben, war an Quartieren wohl kein Mangel. Und so kamen sie denn wie im 18. Jahrhundert in eine Stadt, deren Untergang die Österreicher minutiös vorbereiteten und deren Architekturdetails ein exzentrischer Engländer wie besessen abzeichnete, maß, abformte, photographierte (»der Mann mit der reizenden Frau«): der Herzog und die Herzogin von Mecklenburg-Schwerin, die unbedingt ihre Kutschen(!) in die Stadt mitnehmen wollten, der Sohn des Zaren samt Frau, die behaupteten, sie wären aus Gesundheitsgründen in Venedig, der General Marmont, einer der vielen Haudegen Napoleons, die Europas Salons zierten, französische und spanische Kronprätendenten, die als solche einen kleinen Club hätten gründen können, englische Lords, die in Venedig ihr Gummiboot ausprobieren, und der ganze adlige Rest, dessen Namen wie erfunden klingen: Gräfin Wilhelmine de Buol-Schauenstein, Prinzessin Jablonowska, Graf Festitics, Graf Wrbna. Sie statten einander Morgenvisiten ab (John geht ein einziges Mal zu ihnen und beschreibt die Vasen und die Inneneinrichtung, von der Konversation kaum ein Wort), sie gehen in die Oper und ins Ballett (John im Hintergrund der Loge über Architekturprofile schreibend), sie geben große Bälle (John setzt sich in die Bibliothek), sie machen Ausflüge (wozu John schon eher zu gewinnen ist), aber meistens sind »sie« ohne ihn: sie tanzen, verkleiden sich, klatschen, flirten, suchen das Abenteuer in einer Stadt, die unter strengem Besatzungsregime steht. Man muß nicht Casanovas monomanischer Perspektive folgen, auch aus Byrons Briefen wissen wir, daß Venedig so etwas wie das Bangkok des 18. und frühen 19. Jahrhunderts gewesen ist: dies aufgrund der besonderen venezianischen Ehestrukturen, die auch dem Fremden eine Art verbrieftes Anrecht auf die verheirateten Frauen der Stadt einräumten. Wie es umgekehrt war, wissen wir nicht so gut – in dieser Hinsicht sind Casanovas und Byrons Nachrichten gleichermaßen borniert. Aber auch ohne die Beteiligung der Venezianerinnen und Venezianer hätte sich eigentlich die Liebesmaschinerie aus sich selbst speisen und unterhalten können. Wie es sich mit alledem verhielt, als Maria und Joseph, sprich Effie und John Ruskin in der Stadt lebten, die einmal eine Hauptstadt der freien Liebe gewesen war, ist aus ihren Briefen nicht zu entnehmen.

Zwei Dinge fallen auf: zunächst die Selbständigkeit, mit der sich Effie in der Fremde und unter mehrfach Fremden bewegt – unter Ausländern, Andersgläubigen und meist Standeshöheren. Wir erhalten hier einen Hinweis darauf, wie gut ein viktorianisches Elternhaus seine Söhne *und* Töchter auf die Welt vorbereitet hat. Das zweite ist die Selbstverständlichkeit, mit der eine schottische Bürgerstochter von der Hocharistokratie aufgenommen und herumgereicht wird. Dafür gab es gute persönliche Gründe: Effie war beliebt, jung, schön und (auf gewisse Art) allein, wie es sich Gastgeber und Gastgeberin nur wünschen konnten. Dazu kommt noch ein allgemeiner Grund: Die Engländer, auch die bürgerlichen, verkörperten im 19. Jahrhundert so etwas wie den standesgemäßen Fremden schlechthin, und zwar den Fremden einer modernen Zeit, in der es viele neue Anlässe und Motive gab, im Ausland zu leben. Die Ruskins gehörten zu den Pionieren dieser Klasse.

In den sechzehn Monaten, die zwischen der ersten und der zweiten Venedigreise liegen und die das Paar in London verlebte, hat Effie von den Fähigkeiten Gebrauch gemacht, die sie in Venedig erworben hatte: Allein eroberte sie die Londoner Gesellschaft – und wieder waren alle zufrieden, ihre Gäste und Gastgeber, John und sogar Johns Eltern. Aber da stand die ganze Zeit der nächste Venedig-Aufenthalt in Aussicht, den sie lieber heute als morgen angetreten hätte. Als sie dann im Juli 1852 endgültig wieder nach Hause zurückgekehrt waren, in ein häßliches Backsteinhaus fernab von der City und ihren Freunden, aber nahe bei Johns Eltern, wurden binnen kurzem die Arrangements unerträglich, die vorher als akzeptabel erschienen oder sogar als förderlich empfunden worden waren. Wie im Kaleidoskop fiel alles, was gerade noch ein festes Muster gebildet hatte, in eine neue Konfiguration. Ein Jahr später hätte sich John wieder, diesmal mit Gründen, duellieren müssen. Im Herbst 1854 war die Ehe geschieden.

Effie und John Ruskin sind sich in ihrem langen Leben nie mehr begegnet, aber beide haben Venedig wieder besucht. Effie ein einziges Mal, 1865, als sie im Hotel Europa Quartier nahm und sich beklagte, daß ihr Mann, der Maler John Everett Millais, ein so schlechter »sight seer« sei.[16] An den beiden Worten Hotel Europa und »sight seer« kann man schon ersehen, was geschehen war: Die Epoche des Tourismus war angebrochen. Paradox: Effie, welche die Gegenwart der frühen fünfziger Jahre beschrieb, hatte einem unwiederbringlich historischen Venedig ein epistolarisches Denkmal gesetzt. John, der eine unbekannte und ungeliebte Vergangenheit, das romanische, »byzantinische« und gotische Venedig ans Licht gezogen hatte, hat die Gegenwart der Stadt geformt, bis heute. Es dauerte nicht lange, da gingen die Besucher aus England mit einem *Stones of Venice*-Verschnitt durch die Stadt. Das Buch, das zuerst niemand haben wollte, das Ruskin den langen Aufenthalt schwer gemacht hatte, war ein Erfolg geworden. Hatte man sich früher auf Renaissance (Palladio!) und Barock konzentriert, so standen nun auf einmal romanische Kapitelle, gotische Balkone und ganz San Marco auf dem Programm, das soeben noch als Zirkusattrappe und als »extrem häßlich« (Jacob Burckhardt) gegolten hatte. Ruskin hat die Perversion seines Erfolgs aus der Nähe erlebt und an den Folgen eines Venedig mit Vaporetti, Totalrestaurierungen und Touristenmassen bis zum geistigen Zusammenbruch gelitten. In den siebziger Jahren kann man dann im veröffentlichten Werk (nicht in der Privatkorrespondenz) Stellen wie die folgende lesen, die im Blick auf Canal Grande und Salute geschrieben wurde: »Die grüne Flut, die an meine Schwelle schlägt, ist voll treibender Leichen, und ich muß mein Essen stehenlassen, um sie zu begraben…«[17] Doch selbst in diesen Jahren, als die Stadt, an der er einmal seinen Realismus erprobt hatte, für ihn längst zu einer Art Bühne des Symbolismus geworden war, nannte er sich »ein Ziehkind Venedigs«. Venedig »hat mich alles gelehrt, was ich über die Künste wissen mußte, welche die Freude meines Lebens sind.«[18]

Wolfgang Kemp

Anmerkungen

1 Zu Ruskin allgemein siehe W. Kemp, *John Ruskin 1819–1900. Leben und Werk,* München 1983. Zu Ruskin in Venedig siehe ebda., S. 125 ff.; J. Clegg, *Ruskin and Venice,* London 1981. Zu den *Stones of Venice*: E. K. Helsinger, »History as Criticism. The Stones of Venice«, in: *Studies in Ruskin. Festschrift Van Akin Burd,* hrsg. von R. Rhodes und D. I. Janik, Athens 1982, S. 173 ff.; R. Hewison, »Notes on the Construction of the Stones of Venice«, in: ebda., S. 140 ff.

2 J. Ruskin, *Works. The Library Edition,* hrsg. von E. T. Cook und A. Wedderburn, London 1902 ff., Bd. 36, S. 63. Zu Venedig im 19. Jahrhundert siehe *Venezia nell'età di Canova,* Katalog der Ausstellung Venedig 1978; *Venezia nell'Ottocento,* hrsg. von G. Pavanello, Mailand 1983; E. Forssman, *Venedig in der Kunst und im Kunsturteil des 19. Jahrhunderts,* Stockholm 1971; M. A. Lovell, *A Visitable Past. Views of Venice by American Artists 1860–1915,* Chicago/London 1989.

3 *Ruskin in Italy. Letters to his Parents,* hrsg. von H. I. Shapiro, Oxford 1971, S. 209.

4 Siehe oben, Brief vom 2. Juni 1852.

5 *Works* (wie Anmerkung 2), Bd. 9, S. XXVIII.

6 *Works* (wie Anmerkung 2), Bd. 10, S. 7.

7 Ebda., S. 8.

8 Zitiert nach Hewison (wie Anmerkung 1), S. 143.

9 *Works* (wie Anmerkung 2), Bd. 9, S. 439.

10 *Works* (wie Anmerkung 2), Bd. 19, S. LIV.

11 *Works* (wie Anmerkung 2), Bd. 9, S. 17.

12 Zu Effie Ruskin siehe M. Lutyens, *The Ruskins and the Grays,* London 1972; dies., *Effie in Venice,* London 1965; dies., *Millais and the Ruskins,* London 1967.

13 Siehe die in Anmerkung 12 aufgeführten Bücher von Lutyens und ebda. die ältere Literatur. Siehe auch Kemp (wie Anmerkung 1), S. 128 ff.

14 Lutyens 1965 (wie Anmerkung 12), S. 53.

15 *Works* (wie Anmerkung 2), Bd. 8, S. 161.

16 Lutyens 1967 (wie Anmerkung 12), S. 267.

17 *Works* (wie Anmerkung 2), Bd. 28, S. 757.

18 *Works* (wie Anmerkung 2), Bd. 24, S. 405.

Über dieses Buch

Im Jahr 1849 war die Stadt Venedig vom Bürgerkrieg und der anschließenden Belagerung durch die österreichischen Truppen gezeichnet. Doch trotz aller Gefahren, trotz Hungersnot und Seuchen, bricht das Ehepaar John und Effie Ruskin in diesem Jahr von England nach Venedig auf. John Ruskin sieht die Stadt, nun von den Belagerern bedroht, in akuter Gefahr und beschließt, das gesamt mittelalterliche Venedig, alle gotischen und byzantinischen Bauwerke auf Hunderten von Zeichenkartons und in Notizbüchern zu dokumentieren. »Stone by stone, to eat it all up into my mind, touch by touch«, nähert er sich so in fieberhafter Arbeit seinem Hauptwerk, den *Stones of Venice*. Effie Ruskin war meist auf sich selbst gestellt und nahm am gesellschaftlichen Leben der Stadt teil. Venedig war bereits in dieser Zeit ein »watering place« des internationalen Adels. Russische Prinzen, deutsche Herzöge, englische Lords und die Generäle der napoleonischen Ära trafen sich in der Oper, beim Ballett, bei Bällen und Ausflügen. Die unterhaltsamen Briefe von John und Effie Ruskin, die sie während ihres ersten (1849/50) und zweiten Aufenthaltes (1851/52) in die englische Heimat schickten, sind hier erstmals ins Deutsche übersetzt. In der Gegenüberstellung entstehen zwei ganz unterschiedliche Reiseberichte aus dem romantischen Venedig: John Ruskin schildert seinen Kampf um die Wissenschaft gegen Wetter und Einheimische, während Effie amüsante Impressionen der aristokratischen Gesellschaft entwirft.

Wolfgang Kemp, geboren 1946, lehrte an den Universitäten Bonn, Kassel, Marburg und Los Angeles (UCLA) und ist seit 1995 Professor am Kunstgeschichtlichen Seminar, Hamburg. 1983 erschien seine Monographie über John Ruskin.

Abb. Umschlag links und S. 46: Frank Taylor, Isle of Wight; Umschlag rechts: Mary Lutyens, London; S. 67: The Pierpont Morgan Library, New York; S. 85: Birmingham Museum and Art Gallery.

© 1995 by Verlag Gerd Hatje, Stuttgart
ISBN 3-7757-0522-8
Gestaltung: Peter Steiner, Stuttgart
Reproduktion: Graphische Kunstanstalt Werner, Stuttgart
Gesamtherstellung: Offizin Chr. Scheufele, Stuttgart

Printed in Germany

Umschlag:
John Ruskin. Lithographie von Francis Holl nach George Richmond, 1843. The Ruskin Galleries, Bembridge School, Isle of Wight.
Effie Ruskin. Kreideportrait von George Frederick Watts, 1851. Vormals Sammlung Raoul Millais, London.

KORRESPONDENZEN

ist der Titel einer neuen Reihe im Verlag Gerd Hatje, die den Briefen von Künstlern und Schriftstellern der Moderne gewidmet ist. Die einzelnen Bände halten eine prägnante Epoche im Leben der Briefschreiber fest, sei es durch das freundschaftliche Gespräch mit dem Briefpartner, sei es durch eine Kontroverse oder im Monolog, der den anderen nur als Folie einer Selbstbesinnung benützt. Die *Korrespondenzen* möchten dem Leser gerade solche Wendepunkte verständlich machen. Die Herausgeber wählen die Texte nach den besten Editionen aus, kommentieren knapp einzelne Sachverhalte und erhellen durch ein Nachwort die historische und biographische Situation, in der der Briefwechsel entstanden ist. Besonders bei Malern und Bildhauern fördern zahlreiche Abbildungen die Anschaulichkeit ihrer Korrespondenz.

Bereits erschienen:

KORRESPONDENZEN 1
Richard Wagner und König Ludwig II.
Briefwechsel
Auswahl, Anmerkungen und Nachwort
von Kurt Wölfel
Broschur, 13 × 22 cm, 188 Seiten
ISBN 3-7757-0414-0

KORRESPONDENZEN 2
Pierre Bonnard und Henri Matisse
Briefe und Karten
Vorwort von Jean Clair
Einführung und Anmerkungen von Antoine Terrasse
Aus dem Französischen von Annette Holoch
Broschur, 13 × 22 cm, 132 Seiten
mit 37 Abbildungen
ISBN 3-7757-0415-9

KORRESPONDENZEN 3
Wassily Kandinsky und Arnold Schönberg
Der Briefwechsel
Herausgegeben von Jelena Hahl-Koch
Broschur, 13×22 cm, 112 Seiten
mit 10 Abbildungen
ISBN 3-7757-0434-5

KORRESPONDENZEN 4
Dalí Lorca Buñuel
Aufbruch in Madrid
Herausgegeben von Ralf Schiebler
Broschur, 13×22 cm, 172 Seiten
mit 15 Abbildungen
ISBN 3-7757-0457-4

KORRESPONDENZEN 5
Max Liebermann
Briefe
Herausgegeben von Ernst Volker Braun
Broschur, 13×22 cm, 88 Seiten
mit 4 Abbildungen
ISBN 3-7757-0456-6

KORRESPONDENZEN 6
Eduard Mörike und Wilhelm Waiblinger
Eine poetische Jugend
in Briefen, Tagebüchern und Gedichten
Herausgegeben von Heinz Schlaffer
Broschur, 13×22 cm, 104 Seiten
mit einer Abbildung
ISBN 3-7757-0490-6

KORRESPONDENZEN 7
Paula Modersohn-Becker, Otto Modersohn,
Clara Rilke-Westhoff, Rainer Maria Rilke
Ehen in Worpswede
Herausgegeben von Hannelore Schlaffer
Broschur, 13×22 cm, 156 Seiten
mit 9 Abbildungen
ISBN 3-7757-0506-6

KORRESPONDENZEN 8
Franziska Gräfin zu Reventlow
Jugendbriefe
Herausgegeben von Heike Gfrereis
Broschur, 13×22 cm, 132 Seiten
mit 9 Abbildungen
ISBN 3-7757-0507-4

KORRESPONDENZEN 9
Effie und John Ruskin
Briefe aus Venedig
Herausgegeben von Wolfgang Kemp
Broschur, 13 × 22 cm, 128 Seiten
mit 3 Abbildungen
ISBN 3-7757-0522-8

In Vorbereitung

KORRESPONDENZEN 10
Die Gläserne Kette
Eine expressionistische Korrespondenz
über die Architektur der Zukunft
Ausgewählt und kommentiert von
Iain Boyd Whyte und Romana Schneider
Broschur, 13 × 22 cm, ca. 160 Seiten
mit ca. 10 Abbildungen
ISBN 3-7757-0565-1